交通运输服务与旅游融合发展理论和实践

JIAOTONG YUNSHU FUWU
YU LÜYOU RONGHE
FAZHAN LILUN HE SHIJIAN

龚露阳　刘振国　梁科科　姜景玲　编著

人民交通出版社股份有限公司
北　京

内 容 提 要

本书结合对交通行业开展的调研,重点从交通运输服务与旅游融合发展基础理论、交通基础设施与旅游融合、运输服务与旅游融合、交通运输与旅游协同治理、交通运输服务与旅游融合发展策略、交通运输服务与旅游融合发展案例六个方面分析了我国交通运输与旅游融合发展的情况,希望为交通运输和旅游业管理部门及相关企业提供有益的参考和借鉴。本书适合交通运输和旅游业管理人员及相关企业从业人员学习使用。

图书在版编目(CIP)数据

交通运输服务与旅游融合发展理论和实践/龚露阳等编著.—北京:人民交通出版社股份有限公司,2020.8

ISBN 978-7-114-16622-8

Ⅰ.①交… Ⅱ.①龚… Ⅲ.①交通运输业—产业融合—旅游业—产业发展—研究—中国 Ⅳ.①F512.3 ②F592.3

中国版本图书馆 CIP 数据核字(2020)第 097941 号

书　　名:**交通运输服务与旅游融合发展理论和实践**
著 作 者:龚露阳　刘振国　梁科科　姜景玲
责任编辑:杨丽改　王金霞　张　琼
责任校对:孙国靖　宋佳时
责任印制:刘高彤
出版发行:人民交通出版社股份有限公司
地　　址:(100011)北京市朝阳区安定门外外馆斜街 3 号
网　　址:http://www.ccpcl.com.cn
销售电话:(010)59757973
总 经 销:人民交通出版社股份有限公司发行部
经　　销:各地新华书店
印　　刷:北京虎彩文化传播有限公司
开　　本:720×960　1/16
印　　张:11
字　　数:192 千
版　　次:2020 年 8 月　第 1 版
印　　次:2020 年 8 月　第 1 次印刷
书　　号:ISBN 978-7-114-16622-8
定　　价:80.00 元
(有印刷、装订质量问题的图书由本公司负责调换)

PREFACE 前言

交通运输是基础性、先导性、服务性和战略性产业，是国民经济的先行官。旅游是综合性产业，是拉动经济发展的重要动力，是传播文明、交流文化、增进友谊的桥梁，是衡量人民生活水平的一个重要指标。交通运输与旅游自古以来相伴相生、相辅相成。近年来，我国交通运输业和旅游业快速发展，深度融合，为两个行业创新发展、转型升级提供了持续动力。党的十九大报告提出建设交通强国的宏伟目标，《交通强国建设纲要》也将交通运输与旅游融合发展作为一项重要内容。全域旅游也成为国家发展战略。促进交通运输服务与旅游融合发展，促进设施、网络、服务、信息等融合发展，是建设交通强国和推进全域旅游发展的必然要求，同时也是交通运输业和旅游业高质量发展的必要举措，是真正为人民群众提供高品质旅游运输服务的必由之路。

本书结合对交通运输行业开展的调研，重点从交通运输服务与旅游融合发展基础理论、基础设施与旅游融合、运输服务与旅游融合、交通运输与旅游协同治理、交通运输与旅游融合发展策略、交通运输与旅游融合发展典型案例6个方面分析了我国交通运输服务与旅游融合发展的情况，希望为交通运输和旅游业管理部门以及相关企业提供有益的参考和借鉴。

本书得到了交通运输部运输服务司的指导和支持，得到了部分省级交通运输行业主管部门以及企业提供的宝贵资料，在此表示衷心感谢。

由于编写时间短促、编者水平能力有限，书中未尽之处颇多，诚望业内专家、广大读者批评指正。

作　者

2020年4月

CONTENTS 目录

第一篇

交通运输服务与旅游融合发展基础理论

第一章
交通运输服务与旅游融合相关理论

第一节　融合的相关理论

一、融合的概念

“融合”一词,物理意义上指熔成或如熔化那样融成一体;心理意义上指不同个体或不同群体在一定的碰撞或接触之后,认知、情感或态度倾向融为一体。

晋朝著名史学家常璩在《华阳国志汉中志涪县》中提到:“孱水出孱山,其源出金银矿,洗,取火融合之,为金银。”

宋朝陈亮在《书赵永丰训之行录后》中提到:“天人报应,尚堕渺茫;上下融合,实关激劝。”范文澜、蔡美彪等在《中国通史》第四编第五章第二节中提到:“女真族与汉族通过共同的经济生活和文化交融,促进着民族间的融合。”

由此可见,融合既包括物理上的融合,也包括心理上的融合,同时也包括政治、经济、文化、民族的融合。

我们认为,融合是指两个或两个以上原本关系相对独立的事物发展到一定阶段,在内力或外力的作用下,相互渗透、相互交叉、相互交流、相互影响,从而形成关系更加紧密、差异不断缩小、边界更加模糊的过程,融合的最终状态是合成一体。

二、融合的特征

融合是事物发展到一定阶段的产物,它具有非常丰富的内涵,边界模糊、关系紧密、差异缩小,开放性、共享性、同一性、阶段性是融合的主要特征。

(一)开放性

开放性是指打破原有事物的界限,实现原有事物间要素的自由流动。如城乡开放是指打破城乡界限,实行城乡开放互通,使城乡居民和城乡劳动力、资金、技术等生产要素可以在城乡间自由流动和迁徙。城乡开放是双向的,既包括城市向农村开放,也包括农村向城市开放。

(二)共享性

共享性是指原有事物间可以共享原本属于各自的资源、服务、成果等要素,从而促进融合发展。

(三)同一性

同一性是指融合的不同主体相互之间有不可分割的联系,融合主体之间具有相互联结、相互吸引、相互渗透的倾向。

(四)阶段性

阶段性是指融合的状态根据事物的发展规律、所处的环境、经济社会发展阶段,可以划分为不同的阶段,融合的终极目标是融为一体,但是在这之前是一个过程,不是一蹴而就的。

三、融合的应用

随着经济社会发展和社会分工的高度产业化,产业间、城乡间、军民间、产城间、区域间的融合越来越普遍。

(一)产业融合

产业融合是指不同产业或同一产业不同行业相互渗透、相互交叉、最终融合为一体,逐步形成新产业的动态发展过程,如旅游业与农业融合,第一、第二、第三产业相互融合等。产业融合又可分为产业渗透、产业交叉和产业重组三类。

(二)军民融合

军民融合是指将国防和军队现代化建设融入经济社会发展体系之中,全面推进经济、科技、教育、人才等各个领域的军民融合,在更广范围、更高层次、更深程度上把国防和军队现代化建设与经济社会发展结合起来,为实现国防和军队现代化提供丰厚的资源和可持续发展的后劲。

(三)城乡融合

城乡融合主要是指"城乡一体化",城乡一体化是随着生产力的发展而促进城乡居民生产方式、生活方式和居住方式变化的过程,是我国现代化和城市化发展的一个新阶段。城乡一体化就是要把工业与农业、城市与乡村、城镇居民与农村村民作为一个整体,统筹谋划、综合研究,通过体制改革和政策调整,城市与乡村在政治、经济、文化等方面广泛融合,城乡的发展有机结合,促进城乡在规划建设、产业发展、市场信息、政策措施、生态环境保护、社会事业发展的一体化,使城乡人口、技术、资本、资源等要素相互融合,互为资源,互为市场,互相服务,改变长期形成的城乡二元经济结构,实现城乡在政策上的平等、产业发展上的互补、国民待遇上的一致;让农民享受与城镇居民同样的文明和实惠,形成"以城带乡,优势互补,共同发展"的城乡关系,逐步达到城乡之间在经济、社会、文化、生态、空间、政策(制度)上协调发展的过程。

四、融合的相关概念

(一)一体化

一体化是指多个原来相互独立的实体通过某种方式逐步在同一体系下彼此包容,相互合作。一体化过程既涉及国家间经济,也涉及政治、法律和文化,或整个社会的融合,是政治、经济、法律、社会、文化的一种全面互动过程。由于它涉及实体间的相互融合,并最终成为一个具有主体资格的单一实体。比较常见的一体化概念包括城乡一体化、欧洲一体化、全球经济一体化等。

(二)跨界

跨界是指从某一属性的事物,进入另一属性的运作。主体不变,事物属性归类变化。进入互联网经济时代,跨界更加明显、广泛。特别在跨界营销方面,各个独立的行业主体,不断融合、渗透,也创造出很多新型、发展劲势的经济元素。

跨界的基础:科技的发展,让人们的生活进入互联网时代,特别是移动互联网的普及,让人们有更多的信息链接。供求信息的流通达到空前的释放,需求与供应在不断地被丰富、完善。

跨界的本质:是整合、是融合。通过自身资源的某一特性与其他表面上不相干的资源进行随机的搭配应用。可放大相互资源的价值,甚至可以融合一个完整的独立个体面世。

跨界的应用:目前跨界已渗透各个行业应用。每个行业,大到全球大企业,小到个人。都在通过自己的方式,演绎不同的跨界故事。

跨界与融合概念的相同之处在于,都是通过资源整合,实现不同主体之间相互渗透、相互关联。不同之处在于,跨界的主体不发生变化,而事物属性归类变化;而融合的最终状态是融为一体,主体可能发生根本性的变化。

(三)“+”

符号“+”意为加号,即代表不同行业间添加与联合。目前比较普遍“+”的行业包括“互联网+”“旅游+”等。如“互联网+”是指依托互联网信息技术实现互联网与传统产业的联合,以优化生产要素、更新业务体系、重构商业模式等途径来完成经济转型和升级。

第二节 旅游业相关理论

一、旅游业的基本概念

旅游业现在还没有一个完全统一的概念,现在大多数人认为旅游业就是以旅游资源为凭借,以旅游设施为基础,通过提供旅游服务满足旅游消费者各种需求的综合性行业。

二、旅游业的构成

广义上旅游业是指向旅游者提供观赏和愉悦的企业集合,以及各种与满足旅游者消费有关的行业。旅游业可以按旅游环节与旅游的相关性、机构的性质、要素进行划分。

(一)按环节划分

旅游业主要包括3种类型:第一种是有关旅游“准备”的行业,主要是为即将出行的旅游者办理各种预备性服务,如办理旅游咨询和预订业务的旅行社,以及出售旅游用品的商业企业;第二种是有关旅游“移动”的行业,负责实现旅游者和旅游信息的空间移动,如运输和通信业;第三种是与旅游“逗留”有关的行业,负责旅游者在旅游目的地的一切消费满足,旅游观赏娱乐也可归入此列,另外还包括饮食业、旅游购物经营业等。

(二)按关联性划分

旅游企业可划分为直接旅游企业和间接旅游企业。直接旅游企业指有赖于旅游者的存在而生存的企业,其典型代表就是旅行社、旅游客运企业及旅馆业和不同类型的旅游景点;间接旅游企业主要供应对象并非旅游者,或者说旅游者的存在与否并不危及其生存的企业可称之为间接旅游企业,如餐馆和游览娱乐企业便属此类。

(三)按性质划分

旅游业又可以划分为旅游管理机构、旅游企业、旅游行业组织。旅游管理机构是指承担旅游行业管理的政府机构,如各级政府旅游局。旅游企业是指从事旅游业经营的各类企业,如旅行社、旅游景点企业。旅游行业组织是指为加强行业间及旅游行业内部的沟通与协作,实现行业自律,保护消费者权益,同时促进旅游行业及行业内部各单位的发展而形成的各类组织,如旅游协会等。

(四)按要素划分

旅游业还可以划分为旅游资源、旅游从业人员、旅游设施设备、旅游环境。旅游资源是指对旅游者具有吸引力的自然存在和历史文化遗产,以及直接用于旅游目的的人工创造物,如旅游景区、游乐场等。旅游从业人员是指与旅游经营者建立劳动关系,为旅游者提供旅游服务的人员,如旅游讲解员、导游等。旅游设施设备是指旅游目的地旅游行业的人员向游客提供服务时依托的各项物质设施和设备,包括交通运输设施、食宿接待设施、游览娱乐设施和旅游购物设施等。旅游环境是指与旅游活动相关的自然、社会、人文等外部条件的总和,如气候、地质、语言、政策等。

三、旅游业性质

(一)经济性

旅游业具有经济性产业的根本性质,即旅游企业都是以盈利为目的,都要独立进行经济核算,自负盈亏。发展旅游业的根本目的是为了取得经济效益,旅游业本身就是由旅行社、以饭店为代表的住宿业和旅游客运业等众多的以营利为目的并进行独立核算的经济组织构成的。因此,经济性是旅游业最根本的属性,是旅游业的核心和实质。

(二)文化性

从旅游者的角度看,旅游者旅游的目的主要是为了陶冶情操、丰富文化知识,其本质是属于文化消费。当今,旅游已成为文化的载体,而文化也已成为旅游的灵魂。

(三)资金密集型

旅游业大多是资金密集型企业,如旅游资源开发、旅游饭店、宾馆、大型游乐设施等的资金投入量大,投资回收期长。

（四）劳动密集型

旅游业是典型的劳动密集型企业，旅游企业一般用人多，人工劳动成本高，是解决就业的首选行业。

（五）第三产业性

旅游业属于第三产业，其特点是以提供劳务获取收入为目的。从旅游者的旅游活动（行、游、住、食、购、娱）来看旅游业主要包括下列各类企业：旅行社、以饭店为代表的住宿业、餐饮业、旅游客运业、游览娱乐行业、旅游用品和纪念品销售行业。这些行业均属于第三产业。

四、旅游业的特点

（一）综合性

旅游业是集吃、住、行、游、购、服务为一体的综合性产业，其综合性是由旅游活动的综合性决定的。旅游业在发展过程中，与农业、工业、服务业等其他产业相融合，可以带动经济社会的全面发展，拉动作用明显。

（二）服务性

旅游业是第三产业，旅游业具有很强的服务性，旅游业为旅游者提供的劳务是一种可以用于交换的特殊商品，这种特殊商品同一般商品一样具有使用价值，而生产这种特殊商品的过程就是服务。

（三）依赖性

旅游业的依赖性具体表现在：一是对旅游资源的依赖，旅游资源是旅游业成功的基本条件；二是对整体经济的依赖，旅游业的生存和发展依赖于当地国民经济；三是对相关行业的依赖，旅游业的生存和发展依赖相关行业和部门的通力合作和协调发展；四是表现为旅游业的生存和发展依赖于自然的、社会的、经济的、政治的等多种因素。

（四）带动性

旅游业的带动性是指其能直接带动或间接带动经济社会发展，旅游业发展的好可以促进当地经济发展、人民群众收入水平提高，一业兴则百业兴，旅游经济在经济社会发展中发挥着越来越重要的作用。

（五）融合性

旅游业的融合性是指旅游业与工业、农业、林业、国土、交通运输、文化、体育等行业具有关联性,可以相互促进、相互渗透、相互交叉,融合发展。

五、旅游业的重要作用

(一)促进旅游经济发展

旅游经济是由人们的旅游消费而引起的经济现象,而旅游业是旅游经济的根本,在改革开放40多年的发展过程中,它已从过去单纯的接待事业转变成为新的经济型产业,并逐步发展为国民经济战略性支柱产业。2018年国内旅游市场持续平稳增长,入境旅游市场稳步进入缓慢回升通道,出境旅游市场快速发展。根据《2018年文化和旅游发展统计公报》显示,2018全年实现旅游总收入5.97万亿元,增长10.5%。从2012—2018年旅游行业数据来看(表1-1),全国旅游收入保持着两位数稳定增长。2014年全国旅游收入达3.73万亿元,同比增长26.4%,达到近几年来增速峰值,2015年增幅相对有所放缓。随着近年来,政府大力发展全域旅游、冰雪旅游等,如图1-1所示,2015—2018年中国旅游业收入增速不断提高。

2012—2018年全国旅游市场收入情况 表1-1

年份(年)	旅游收入(万亿元)	增长率(%)
2012	2.59	15.2
2013	2.95	13.9
2014	3.73	26.4
2015	4.13	10.7
2016	4.69	13.6
2017	5.4	15.1
2018	5.97	10.5

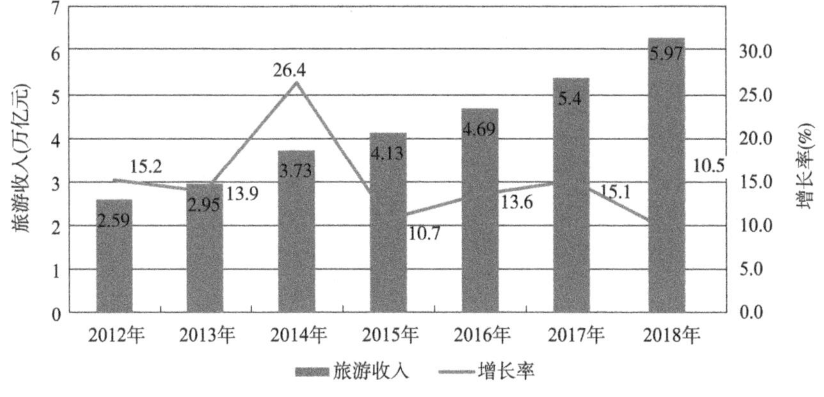

图1-1 2012—2018年全国旅游市场收入及增长情况

(二)助力经济增长

旅游业规模逐年增长,对经济增长和社会发展作出了突出的贡献。初步测算,2018 年全国旅游业对国内生产总值(GDP)的综合贡献为 9.94 万亿元,占 GDP 总量的 11.04%。旅游业占 GDP 比例自 2014 年起一直保持着上升的趋势,比例从 2014 年的 10.39% 上升至 2018 年的 11.04%,如图 1-2 所示。

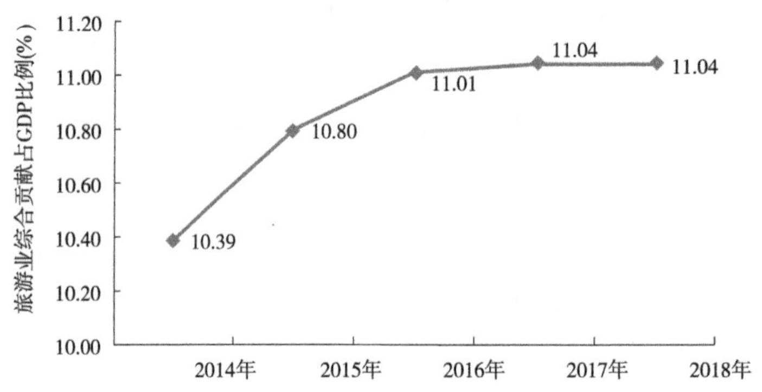

图 1-2　2014—2018 年旅游业综合贡献占 GDP 总量比例情况

(三)扩大社会就业

根据世界旅游组织测算,旅游直接就业 1 人带动间接就业 4.3 人,由于我国旅游业劳动密集型特征较为明显,带动就业人数相比其他国家更为显著。2018 年,旅游直接就业 2826 万人,旅游直接和间接就业 7991 万人,占全国就业总人口的 10.29%。

(四)服务乡村振兴

目前我国旅游经济主要集中于城市以及经济比较发达的东部沿海地区,而我国中西部地区发展相对落后,然而我国中西部地区又聚集着丰富的旅游景点,这些旅游景区一般位于城乡接合处,甚至处于偏远地区。虽然,目前有一定程度的开发,但整体基础设施比较落后,旅游经济发展依然缓慢,旅游经济潜力也远远没有被发掘。随着中央提出乡村振兴战略、发展全域旅游以及乡村交通运输条件的持续改善,乡村旅游将会进一步促进区域间的文化交流,带动当地基础设施建设,加快乡村经济发展,带动农村居民致富。

(五)推动产业升级

根据国际经济规律,当人均 GDP 达到 5000 美元时,会步入成熟的度假旅游经济,休闲需求和消费能力日益增强并呈现多元化趋势。截至 2018 年底,我国人均

GDP已突破9780美元，北京、上海、深圳、广州等省市人均GDP已经超过2万美元。但是，目前我国第三产业占GDP的比例只有53.3%，而旅游业作为支柱型产业之一，对我国第三产业的推动作用非常明显。

（六）支撑美丽中国

旅游业是把人与自然紧密结合在一起的产业，是可以把各种国土资源充分、合理、有效地利用起来的产业。在发展与生态环境保护这对矛盾关系上，旅游业是与生态环境保护利用这个目标最为接近、矛盾冲突最小的产业。只要规划得当，开发有序，管理到位，旅游业发展的环境成本可以做到最低；精心建设好旅游景区，还可以改造和优化环境，建设秀美山川。所以，大力发展旅游业，有利于支撑美丽中国和生态文明建设。

第三节　交通运输业相关理论

一、交通运输业的性质

交通运输业是指使用运输工具将货物或旅客送达目的地，使其空间位置得到转移的业务活动。交通运输业具有以下性质。

（一）基础性

基础性是指在工农业生产、人民生活及其他社会经济活动诸方面对交通运输系统具有普遍需求，交通运输是社会经济最基础的组成部分，是国民经济和社会有效运行的主要载体，也是社会再生产不可缺少的基本环节。

（二）先导性

先导性是指在工业化、现代化进程中，交通运输对国土开发、区域空间结构与经济结构优化、国防建设和对外开放都具有重要的先导和引领作用，是国家宏观调控和配置资源的先行领域，交通运输当好经济社会发展的先行官是经济社会发展和交通运输发展的客观规律。

（三）服务性

服务性是指交通运输业本质是服务业，在国民经济中从事货物和旅客运送，是国民经济中一个重要的物质生产部门，但是交通运输业本身不直接产生新的产品，而是把货物和旅客从一个地点转移到另一个地点，它创造的产品并不是物质实体。在国民经济中，交通运输业与其他产业密切相关，服务于其他产业发展，是国民经济运转不可缺少的环节。

（四）战略性

战略性是指交通运输是国民经济的重要基础产业，对经济社会发展具有全局性影响，在国家实施“西部大开发”“一带一路”、长江经济带、京津冀协同发展中发挥巨大的战略作用。

（五）不可移动性

不可移动性是指交通运输对空间和时间具有较强的依附性。一方面，交通基础设施在空间和地域上不能挪用，必须就地建设；另一方面，运输能力在时间上不能挪用。由于运输与生产、消费是同时发生，运输能力不能像其他行业的产品一样储存备用，也不能临时突击解决，而是长期有计划地、持久地建设和积累。

（六）融合性

融合性是指交通运输与工农业生产，旅游业、物流业等其他服务业，互联网、人工智能等先进技术具有密不可分的关系，与其他产业融合具有天然的优势。

二、交通运输业的构成

（一）要素构成

按照构成要素不同，交通运输系统主要包括以下基本组成部分。

1. 载运工具

载运工具包括汽车、火车、船舶、飞机、管道等，作为旅客和货物的运送载体。

2. 站场

交通运输站场包括汽车客运站、火车站、公交车站、机场、港口码头等，作为运输的起点、中转点或终点，以供旅客或货物从载运工具上下和装卸。

3. 线路

交通运输线路包括有形的铁路、公路、管道、航道和无形的航线、火车车次、道路客运班线、公交线路等，作为运输的通道，供载运工具实现不同站场点之间的行驶转移。

4. 交通控制和管理系统

交通控制和管理系统包括各种交通信号、交通标志、交通规则等，是为了保证载运工具在线路上和站场内安全、有效率地运行而制定的规则及设置的各种监控、管理装置和设施。

5. 信息管理系统

信息管理系统是应用通信、电子信息等高新技术建立的为现代交通运输服务的系统。

6. 从业人员

从业人员是指在交通运输活动中，为旅客或货物运输提供服务的人员，包括驾驶员、乘务员、管理人员、维修人员、票务员等。

(二)方式构成

按照载运工具和运输方式的不同，交通运输系统可细分为铁路、公路、水运、航空和管道运输5种基本的运输方式。

在公路运输中又包括道路运输和城市客运两种方式。

城市客运包括公共汽电车、轨道交通、出租汽车、客运轮渡等运输方式。

三、交通运输的作用

交通运输业是国民经济的重要组成部分。它既满足工农业生产和人民生活的需求，又对联结城市和农村、巩固工农联盟和加强国防、促进地区和民族之间的文化和信息交流起着重要的作用。交通运输对于国民经济具有以下重要作用：

(1)交通运输是实现流通的物质手段。交通运输业担负着社会产品的流通任务，对国家来说，交通运输不但可以保证工农业生产和内外贸易渠道的畅通，而且可以保证市场供需的平衡；从企业来说，缩短流通时间可以加速流动资金的周转、节省流动资金。我国工业企业流动资金周转时间过长，与交通运输业的滞后发展有很大关系。因此，发展交通运输业，促进物流系统化，不仅是“货畅其流、民便其行”的问题，而且是关系整个社会劳动生产率的提高、资金的周转和经济效益的问题。另一方面，运输费用在生产费用中占有相当大的比例。因此，在生产布局中，如何缩短运输距离以降低运输成本，不仅关系企业的经营成果，而且也是节约社会生产费用的重要手段。

(2)交通运输是开发资源、优化资源配置、实现生产力合理布局和调整国民经济产业结构的纽带。交通运输是国土资源开发的先锋。大力发展交通运输，不但可以促进欠发达或边远地区的资源开发，而且可以优化资源配置、调整农牧业结构、推动农业现代化；可以改善投资环境，加速工业化进程；可以加快客流、物流、信息流，促进第三产业的发展和社会文明的进步。

(3)交通运输是国民经济的重要生产部门，又是工业生产的巨大市场，是带动一系列相关产业的龙头产业。各种运输方式能提供大量的就业机会，同时还有更多的人员工作在与其相关的部门，为国民经济产生直接的经济效益。另外，交通运输的发展也为其他工业部门，如建筑、采矿、冶金等部门提供了巨大的市场。交通运输业的发展还直接促进了新世纪两大新兴支柱产业，即旅游业和物流业的形成和发展，这两大产业分别依托于旅客运输业和货物运输业。

（4）交通运输在国防建设与防务方面有不可低估的作用。交通运输平时为经济建设服务，战时为军事服务，具有鲜明的军民两用性质，是国家战斗实力的重要组成部分。在战争中，高速公路可供军用飞机起降，铁路、水运大通道可保证部队的快速集结和居民、工厂的疏散等；交通运输能够联系前方和后方，保证部队的武器弹药和粮食等物质的供给。

（5）交通运输是国际交流的重要桥梁和纽带。交通运输可以促进各国之间的物资交换、经济发展和人民之间的友好往来，是经济全球化的重要保证。

综上所述，交通运输是国民经济的重要组成部分，是世界上最重要的行业之一。它不但是一个独立的生产部门，而且也是国民经济和社会发展的重要基础结构部门，是连接国民经济各部门、各地区以及社会再生产各环节的纽带，是确保社会生产和人民生活得以正常进行的重要条件，是国民经济的"先行官"，是国民经济的"动脉系统"，对国家经济、政治、国防建设以及国际的合作与发展具有重要作用。

四、交通运输发挥重要作用的原因

交通运输是基础性、服务性、先导性产业，经济社会的发展离不开交通运输的支撑。早在30多年前，英国经济学家Michael Thomson（迈克尔·汤姆森）就作出了归纳，总结出人们为什么依赖于交通运输的7个主要原因：

（1）地球表面的异质性决定了没有一个地方可以提供人们想要的所有商品。要获得预期数量的目标商品，就必须产生位移。

（2）现代社会的延续和高水平的物质文明依赖于一定程度的生产专业化。生产需要许多不同的投入，这些投入必须从广泛的来源中获取，并且要达到必要的专业化水平，必须开发并服务于广阔的市场范围。

（3）除专业化之外，高质量的交通运输使得利用其他主要的规模经济成为可能。本质上与高水平产出相关的技术经济包括自动化、批量作业、研发活动、大规模市场营销、专业化设备等。

（4）交通运输可以为政治和军事服务。对于国家内部，一个国家寻求良好的交通运输不仅为了更有效地捍卫边境，还为了提高国家的政治凝聚力。罗马人就

充分地意识到了这一点，他们大部分的道路建设就是以此为目的的。对于国家外部，良好的交通运输是一个国家管理下辖省市的前提。在政治上，拥有昂贵、现代化的交通设备（尤其是飞机或商船）也被看作是一种权力与地位的象征。在大多数发达国家，虽然交通运输系统的个别部分可能是专为非经济目的提供的，但用以满足严格需要的运输规模，通常超过了用以满足政治和军事要求的运输规模。

(5)没有运输，人际关系和社会交往通常非常受限。交通使社交成为可能，通过交通，相距遥远的不同人群可以对彼此的问题和观点有更好的理解。众所周知，在发达国家，国际旅行的增加带来了社会理解的增强。很多欠发达国家，通过建设交通基础设施，可以对原本彼此孤立的城镇居民和距离很近的村民之间的社会关系产生深远的影响。

(6)现代交通运输创造了更多的文化机遇，使得人们可以阅览其他国家的艺术瑰宝，探索自己的民族遗产。交通运输还使得国际展览、体育竞赛、音乐会、游行和商品交易会得以举办，促进了文化和体育发展。

(7)交通运输使人们能够将生活和工作分离开，确切地说是它可以实现工作和休闲在地理上的分离。运输丰富了人们对生活方式的选择，人们可以选择居住在远离城市但是需要远距离通勤的地方，或者选择居住在距离工作中心较近只需要短距离通勤的地方。简单说，交通运输丰富了家庭对居住地点的选择。

五、交通运输对经济发展的内在影响

(一)交通运输对经济增长的影响

作为国民经济的重要部门，交通运输业对经济增长的贡献体现在两个方面：一是交通运输业作为第三产业部门，通过向社会提供运输生产服务创造价值；二是交通运输业的发展会带动国民经济其他行业的发展，间接地促进国民经济整体实现增长。

1.交通运输直接经济贡献

作为生产部门的交通运输业，在其服务过程中需要投入大量的劳动力、一定的技术和资本，在生产活动中这些生产要素会创造价值，为经济增长提供积累，这种积累是交通运输通过自身生产活动直接创造的，是整个国民经济的重要组成部分，直接记入 GDP（国内生产总值），表现为所有从事交通运输活动的企事业单位和个体经营户实际经营过程中创造的价值，属于交通运输的直接经济贡献，而增加值就是其直接经济贡献最终成果的反映。

2. 交通运输对其他行业的拉动贡献

交通运输业作为国民经济中的一个重要部门，在国民经济中既要把产出的运输服务提供给需求方，促进需求方的发展，在运输生产过程中又需要供给方的要素作为投入，拉动供给方的发展。例如交通运输业的发展需要供给方汽车制造业的产品，带动汽车制造业生产的扩大发展，而汽车制造业的发展又需要供给方钢铁冶炼业的产品，带动钢铁冶炼业生产的扩大，而钢铁冶炼业的发展还会带动其他行业的发展，这样交通运输业的发展就会带动国民经济其他行业的发展，进而带动经济增长。

（二）交通运输对产业结构调整的影响

根据产业关联理论，交通运输对产业结构调整的影响实质是，各行业之间存在着广泛、复杂和密切的技术经济联系，交通的发展会推动或者拉动其他产业部门以不同的速度发展，进而引起产业结构的变动。

交通运输属于典型的第三产业，其自身发展不仅可以提高第三产业在国民经济中的比例和地位，作为流通领域的生产行业，还可带动相关的批发、零售业、房地产业、汽车制造业的发展，这样由于交通与其他产业之间的关联程度不同，对其他产业部门的影响程度也不同，进而会引起产业结构的变动。

交通投资中基础设施建设投资完成属于建筑行业领域，而交通运输设备更新投资完全属于制造业，由于产业部门之间的经济技术联系程度不同，因此交通投资对其他产业的拉动影响程度也不同，各产业部门将以不同的速度、比例发展，产业结构就会发生变动，这就是交通投资对产业结构变动的影响（图 1-3）。

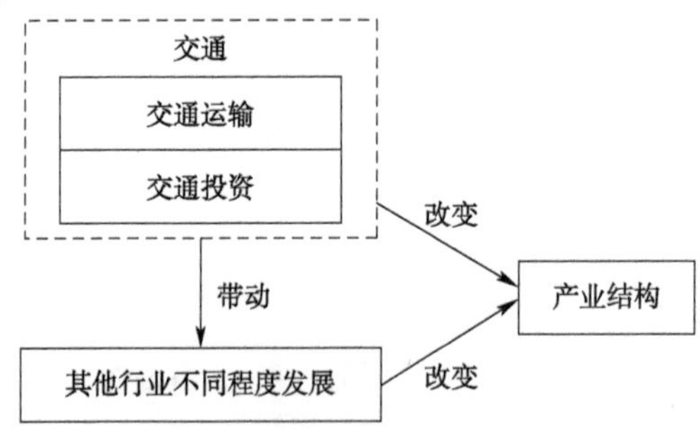

图 1-3　交通投资对其他产业的带动和对产业结构的影响

（三）交通运输对区域经济发展的影响

在区域经济层面，交通的贡献体现在 3 个层面：

首先，交通条件的改善，可以提高区域的可达性，这往往意味着该区域的易于接近性和易于联系性,对外联系的运输条件变好,可通达更远的地区,使运距缩短,运时减少,运费降低,运输安全性加强和方便程度提高。

其次,发达的交通系统可以超越地理、自然资源、劳动力资源的局限,为区域经济市场的形成创造有利条件,在市场竞争的过程中产生淘汰机制,淘汰机制会促进市场的合理化,通过该淘汰机制使区域经济发展不断规模化和一体化,从而带动本地区对优势资源的开发,形成新的优势产业,促使区域产业结构向更高阶段发展、演化。

最后,通过交通提供的便利运输服务,使得原材料、资源、劳动力越来越集中在基础设施良好、市场发育较健全的区域,进一步影响产业区位选择和产业布局调整,随着这种集聚效应的增强,在交通环境良好的区域发展出一批"交通经济带",并发挥对周边区域的辐射能力。

(四)交通运输对社会发展的内在影响

社会发展包含人口、就业等涉及社会稳定、健康、可持续发展的方方面面因素和指标,交通发展对社会发展的贡献主要体现在为社会创造更多的就业机会,提高居民的收入水平,同时还可以为城市居民出行提供更加快捷和方便的运输服务。

根据现代经济学的观点,劳动力是经济增长的重要源泉,而交通运输生产和交通建设活动、作为交通行业中间投入产品的生产活动、以交通行业产品为中间投入的生产活动,以及因消费增加而扩大生产的经济活动等各种生产活动,都必须有大量的人力参与。交通运输是国民经济发展中重要的先导性、基础性产业,已经成为重要的吸纳社会就业的部门(图1-4)。

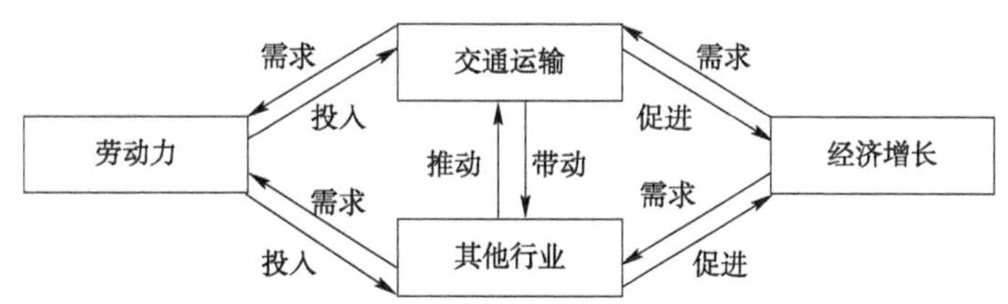

图1-4　交通运输与社会就业的关系

与对经济增长的贡献类似,交通运输发展同样会直接或间接地创造大量的就业机会,交通行业已成为吸纳社会劳动力的重要部门。但与交通运输对经济增长直接贡献和拉动贡献(或完全贡献)相比,交通运输对社会就业贡献的衡量角度是不同的,交通运输对社会就业的直接拉动是从最终成果的角度来衡量,是实际从事交通运输生产而直接引发的就业人数,交通运输对社会就业的间接拉动是从就业机会角度来衡量,是推算的由交通运输生产和交通投资引起的可以为整个社会创造的就业岗位数,而这两种角度实际上都产生于一系列的经济活动过程中。

交通运输发展在为社会创造就业机会的同时,对居民收入水平的提高也发挥着极为重要的作用。从实质上讲,交通运输发展对居民收入水平提高所作的贡献,实际上是交通运输发展促进经济增长而引发的系列反应之一。交通运输发展带动了经济增长,必然带动全社会总的工资收入增长,进而带动全社会居民收入水平的提高(图1-5)。

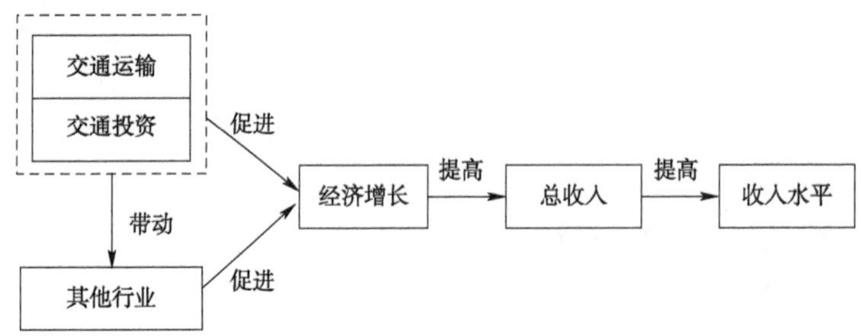

图1-5　交通运输与收入水平的关系

交通运输发展在促进就业、提高居民收入水平的同时,通过便捷畅通的运输体系,为城市居民出行提供高效优质的运输服务,提高城市居民的生活便宜度。

一般来说,社会发展包括许多方面,对于社会发展主要从3个方面考虑,包括就业、收入水平、居民生活便宜度,即交通运输对社会发展的贡献主要由对就业的贡献、对居民收入水平的贡献、对居民生活便宜度的贡献3个方面来表征。

(五)交通运输对政治层面的内在影响

交通运输的开发与利用历来与政治要素息息相关。从历史发展角度来看,我国历朝统治者为了达到加强统治的需要,在管辖境内大力修建交通设施,提高政府的政权运行效率。主要体现在以下3个方面:

(1)通过加强交通设施建设,中央政府的政令可以借助交通系统的作用,迅速及时传到基层,从而达到有效落实,每当遇到政务军务紧急的时候,通过发达的交通系统进行信息传达和军队集结,使政治体制能够成立并得以维持。

(2)交通系统的延伸,使经济、贸易、文化交流能够到达比较闭塞、落后的少数民族地区,有效促进民族间的融合,维护民族安定团结的局面。

(3)交通条件的改善,尤其是随着航海技术的发展,与国际的交流不仅局限与陆路方面近距离的几个国家,可以接触到距离遥远的国家,与其进行经济贸易往来,参与更广泛的国际合作。

(六)交通运输对文化层面的内在影响

交通运输发展史同时也是一部文化发展史。正是因为交通运输具备了物质人员的流动性以及区域之间的连通性,不同的生活方式、不同的信仰、不同的思想和风俗习惯在不同区域间相互影响和渗透,促使人们破除文化上的界限,改造自我经验积累的思维定式,不断借助外来文化丰富自己、发展自己、使自身文化达到新的境界。因此,可以说交通条件决定着历史上文化圈的规模,也影响着各个文化圈之间的相互联系。

综上所述,可将其对文化的贡献归纳总结成3个方面:对历史文化的继承和发扬,对先进文化的传播和交流,以及对丰富人们文化生活的贡献。

第二章
交通运输服务与旅游融合的概念

第一节　交通运输服务与旅游融合的相关概念

一、旅游交通

旅游交通是指为实现旅游者(包括旅游者携带的行李物品)空间移动,达到旅游者旅游目的的手段和途径。旅游交通是整个交通运输的有机组成部分,它是与旅游活动相关的,使旅游者实现空间位移的交通运输中的那一部分,旅游交通不能脱离整个交通运输系统而独立存在,它与整个交通运输体系紧密联系在一起。旅游交通的任务是解决旅游者从定居地到旅游目的地、一个旅游目的地到另一个旅游目的地、旅游目的地内位置移动、旅游目的地到旅游定居地的问题。它不仅解决的是不同地点间和旅游目的地内部空间位移问题,同时也解决旅游的时间距离问题。通常来讲,时间距离与空间距离成正比,距离越长,所花的时间就越长;反之,距离越短,所花的时间就越短。从一个地点到另一个地点的空间距离通常是固定的,在某些特定的条件下,空间距离也不固定,如开通了新的运河、航道、隧道,会缩短旅游的空间距离;而时间距离通常是可以变化的,比如采取乘坐飞机的时间要远远小于乘坐汽车所需要花费的时间。对于绝大多数旅游者来说,希望以尽量少的时间,来实现更大距离的移动。

通常来讲,旅游交通与旅游交通运输同义,但是,狭义上的旅游交通也可以特指旅游交通运输中的旅游交通基础设施部分,如旅游公路、旅游集散中心等。

旅游交通按要素划分可以分为基础设施、从业人员、交通工具、交通服务等。通常情况下,由于土地的有限性、基础建设的发展以及旅游客流不足,旅游交通系统中的硬件和软件,都会与整个交通运输系统的硬件和软件基本重合,但旅游作为高层次的需求和享受性的生活方式,旅游交通系统的硬件设施在功能、外观和内容上会更丰富。

旅游交通按交通方式划分可以分铁路、公路、水运、民航、城市交通等。

二、旅游运输

广义上的旅游运输与旅游交通或旅游交通运输同义，狭义上的旅游运输是指实现旅游者（包括旅游者携带的行李物品）空间移动，达到旅游者旅游目的的运输方式。与广义上的旅游交通相比，狭义上的旅游运输不包括旅游公路、铁路、民航机场等旅游交通基础设施，也不包括乘坐私人小汽车、私人飞机、私人游艇等私人交通工具旅游的方式。本质上来说，狭义的旅游运输是一种公共运输方式。

旅游运输包括民航旅游运输、铁路旅游运输、道路旅游运输、水路旅游运输和其他旅游运输。

（一）民航运输

民航运输是以飞机作为运输工具，以民用为宗旨，以航空港为基地，通过一定的空中航线运送旅客和货物的运输方式。

民航运输是国家和地区交通运输系统的有机组成部分。其突出优点是运输速度快，航线直，不受地面地形的影响，可承担长距离的客货运输；但运载量小，燃料费用高，运输成本贵，易受气候条件影响。民用航空运输在国际交往和国内长距离客运中起着非常重要的作用。

民航运输主要分为航班运输和包机运输两种。航班运输是指在既定的国内和国际航线上按既定的时间提供民航运输服务。包机运输是指不定期的民航包乘运输服务。与航班运输相比，包机运输具有两点优势：一是票价低，二是灵活性大，不必按固定的时间和线路飞行。

（二）铁路运输

铁路运输是使用铁路列车运送旅客和货物的一种运输方式。铁路运输具有运送量大、载客多、费用低、安全性高、可沿途观赏风景、远距离连续行驶能力强、受季节和天气变化影响小、能源消耗少等优点。

狭义上的铁路运输主要包括国家铁路、地方铁路、专用铁路和铁路专用线。广义上的铁路运输还包括城市轨道交通、磁悬浮列车运输等。

（三）道路运输

道路运输是指在公共道路（包括城市、城间、城乡间、乡间能行驶汽车的所有道路）上使用汽车或其他运输工具，从事旅客或货物运输及其相关业务活动的总称。

世界上的旅游大部分都是靠道路运输进行的。道路运输具有以下特点。

1. 灵活方便性

道路运输机动、灵活、方便，可以延伸到地球的各个角落，时空自由度最大。

2. 广泛适用性

道路网纵横交错、干支结合，比铁路网、民航网、水运网等稠密得多，适合各种用途、范围、层次、批量、条件的运输。

3. 快速及时性

汽车运输可实现“门到门”运输，减少中间环节，缩短运输时间，便捷快速，非常适合现代市场经济发展的需要。随着道路条件、汽车结构性能的改善，其经济运距也大大延长，更具有重大社会经济意义。

4. 公用开放性

道路运输是一种全民皆可利用的运输方式，凡拥有汽车的社会和个人均可使用道路这一基础设施。

按照《道路运输条例》的规定，道路运输经营包括道路旅客运输经营（以下简称客运经营）和道路货物运输经营（以下简称货运经营）；道路运输相关业务包括站（场）经营、机动车维修经营、机动车驾驶员培训。《道路旅客运输及客运站管理规定》中定义，道路客运经营是指用客车运送旅客、为社会公众提供服务、具有商业性质的道路客运活动，包括班车（加班车）客运、包车客运、旅游客运。旅游客运是指以运送旅游观光的旅客为目的，在旅游景区内运营或者其线路至少有一端在旅游景区（点）的一种客运方式。旅游客运按照营运方式分为定线旅游客运和非定线旅游客运。定线旅游客运按照班车客运管理，非定线旅游客运按照包车客运管理。

（四）水路运输

水路运输是以船舶为主要运输工具，以港口或港站为运输基地，以水域包括海洋、河流和湖泊为运输活动范围的一种运输方式。水路运输具有运载能力大、安全性能好、乘坐较舒适、运价较低廉等优点，还可结合旅行进行观赏沿岸景色和海上日出等旅游活动。同时，它也存在运行速度慢、运行时间长、灵活性差、受河道和航道限制等缺点。

（五）其他运输方式

其他运输方式包括用于景点、景区或旅游区内，与旅游地的地理位置、地形、活动内容相适应的运输形式。运输工具有缆车、轿子、索道、热气球、马匹等。

旅游运输方式多种多样，旅游者可根据行程远近、喜好、身体条件、经济条件、时间和环境约束等条件选择不同的旅游运输方式。

三、交通运输服务

“服务”一词在《辞海》中，是指为集体（或别人的）利益或为某种事业而工作。服务是一种无形的东西，从经济学角度看，服务是指以等价交换的形式，为满足企业、公共团体或其他社会公众的需要而提供的劳务活动，它通常与有形的产品联系在一起。美国市场营销协会（AMA）将服务定义为“用于出售或者是同产品连在一起进行出售的活动、利益或满足感”。当代市场营销学泰斗菲利普·科特勒（Philip Kotler）给服务下的定义是：“一方提供给另一方的不可感知且不导致任何所有权转移的活动或利益，它在本质上是无形的，它的生产可能与实际产品有关，也可能无关。”从以上对服务的定义看，服务是指为目标人群做事，并使他人从中受益的一种有偿或无偿的活动，是在一定的时间或空间里为服务对象提供一切物资、精神生活等方面需要的总和。

运输服务按运输方式不同，可划分为铁路运输服务、公路运输服务、水路运输服务、民航运输服务。

（一）交通运输服务的内容

交通运输业是现代服务业优先发展的重要领域，直接承载着“人和物空间位置移动”的运输服务，为全社会物资流通和人员流动提供基本条件，发挥着支撑国民经济发展、引导生产力布局、沟通城乡、保障国家安全和社会稳定的重要作用。与原材料、能源、水利等基础产业部门不同，作为生产过程的延伸，交通运输并不提供有形物质产品，而是通过实现“空间位置移动”提供无形的服务产品，其创造的价值也蕴含在所运输的物质产品中。交通运输的产业属性主要体现在基础性、先导性与服务性。其中，服务性是贯穿三者的核心，是交通运输的本质属性，其本质表现在交通为经济社会运行提供“人便于行，货畅其流”的运输服务。

从服务的内容来看，交通运输服务是公益性服务和经营性服务双重属性的混合，既包括公益性服务和经营性服务，也包括介于二者之间的兼有公益性和经营性服务的准公益性服务。

1. 公益性服务

公益性服务即由政府主导提供，与经济社会发展水平和阶段相适应，旨在保障全体公民出行基本需求的公共服务。从交通运输行业提供的运输服务来看，一些基本的服务于大众的运输服务都属于公益性服务范畴，如轨道交通、城市公交、农

村道路客运、陆岛交通、农村渡运等服务。

2. 经营性服务

经营性服务即完全可以通过市场配置资源、满足人民群众多样化需求的交通运输公共服务。从交通基础设施看，物流园区、货运场站都属于市场经营的营利性服务设施。从运输服务看，经营性道路客运、货运、水路客货运体系都属于由政府监管、市场来自动调节的运输体系，以盈利为主要目的，属于经营性服务范畴，具体包括普通货物运输、包车与旅游客运、道路长途客运、汽车维修、经营性公路、水路货物运输等服务。

3. 准公益性服务

准公益性服务即为保障社会交通运输福利水平所必需，同时又可以引入市场机制提供或运营的，但由于政府定价等原因而没有盈利空间或盈利空间较小，尚需政府采取多种措施给予支持的交通运输公共服务。如出租汽车服务作为城市交通系统的重要组成部分，它向公众提供的是一种可以选择的更加高质量的出行方式，以获取一定利润为目的，但同时其运价又受到政府的严格管制，不具备完全的市场运行特征。

(二) 交通运输服务的特点

具体而言，交通运输服务主要体现以下几方面特点。

1. 基础性

基础性交通运输涵盖了公路运输，城乡、城际道路运输，城市客运，岛际、陆岛和内河航运等领域，与人民群众的生产生活息息相关。因此，交通运输服务的基础性表现在交通运输服务首先要着眼于人民群众的基本出行与基础货运需求，即"走得了"和"运得了"。

2. 均等性

均等性就是要求交通运输行业提供的服务不分城市农村、不分东中西部，尽可能让每个人都能享受到交通运输的基本公共服务。

3. 便利性

便利性就是让人民群众就近、随时、快捷和方便地享有交通运输服务，让老百姓切实切身感受到交通运输服务"无处不在"。

4. 经济性

经济性是指组织经营活动过程中获得一定数量和质量的运输产品和运输服务及其他成果时所耗费的资源最少。具体体现在乘车或运货过程中，客户为运输支付的费用更少。

5. 安全性

安全性是指交通运输服务的安全程度,即将人或货物完好无损运达目的地的程度。具体体现在事故率低、损伤率低、安全隐患少。

(三)交通运输服务的影响因素

影响运输服务主要因素有服务标准缺失、服务设施落后、服务环境不好、服务态度差、服务效率低、从业人员素质差、管理不规范、服务手段落后、行业监管缺乏等。

就运输服务质量、服务水平而言,是指人民群众从道路、铁路、航道、场(港)站等设施、车船设备、服务环境等方面可能得到的服务效果和对服务的满足程度,主要体现在交通运输服务设施的完备性和先进性、线网密度、运力规模、行政村通达率、车船正班率、车船发到正点率、货损(差)率、货运合同履约率、乘车船和换乘便捷性、特殊运输服务要求处理能力、安全水平,运输的经济性、舒适性、购票的便捷性、车辆返修率、信息服务的完备性,以及行业管理信息公开、服务规范和高效等,即交通运输服务均等化、便捷化、安全化、信息化、规范化、公开化的水平。

(四)提升交通运输服务的途径

提升运输服务主要有以下途径。

1. 提升服务意识

服务人民是交通运输系统的天职,要把人民群众的需要放在第一位,始终坚持一切为了人民,进一步强化服务意识,不断提高服务水平,更好地便民、利民、惠民,为人民群众提供更高效率、更高水平、更优品质的运输服务,让人民群众充分享受交通运输改革发展的成果。

2. 健全体制机制

从根本上解决影响和制约运输服务质量提升的深层次矛盾和问题,归根结底要靠体制机制创新。按照建设服务型政府的要求,强化政府部门的服务监督职责,科学设置服务监督机构,用体制机制规范、约束、监督运输服务,依法依规对服务不达标的行为进行纠正、整治和惩处。提升公众对运输服务创新的参与度,建立行业社会评价制度,实行重大决策和服务质量信息公开,完善政策后评估制度。

3. 找准主要问题

深入研究运输服务面临的主要问题,抓住影响服务水平的关键环节,有效开展提升便民、利民、惠民的相关工作,以关键环节服务水平的提高带动整体服务水平的提高。如以购票、收费、交通安全等与人民群众利益息息相关的工作为重点,探索新的服务举措。

4. 强化服务标准

科学的标准规范对于引导行业健康发展、提升行业服务水平具有重要作用，要重视运输服务的标准化工作，针对目前标准建设的重点领域和薄弱环节，加快推进交通运输标准的制修订工作，建立具体实在可量化、可操作的服务标准。既要加快制定交通运输产品、工程技术的标准体系，更要加强交通运输服务标准建设。

5. 科技支撑引领

科技创新是服务创新的重要手段，必须充分利用现代科学技术为人民群众提供高效、便捷、安全的运输服务。加快信息化、智能化成熟技术的推广应用，建设出行信息服务系统、网络购票系统、安全应急管理系统、公路不停车收费系统、交通出行一卡通支付系统等。积极跟踪世界交通运输先进技术发展，在基础设施建设和使用、旅客出行、现代物流、安全应急、节能环保、综合运输协同等方面，联合开展一批有利于增强服务能力的技术攻关。

6. 职业道德建设

加强职业道德建设，促进行业诚信，提高职业素养，强化服务意识，提升服务技能，选树爱岗敬业、服务优质的行业先进典型，使广大从业者崇尚职业荣誉，自觉奉献社会、服务人民，为提升行业服务质量和服务水平奠定坚实基础。

四、综合运输服务

（一）综合运输服务的内涵

认识综合运输服务的深刻内涵，需要把握住 3 个关键词。

1. 综合

综合运输服务是基于各种运输方式各自专业化发展基础上，向社会提供有机整合的一套系统、一个窗口、一个体系的服务。综合运输服务不是替代各种运输方式自身应有的服务，而是强调“衔接协调、系统集成”，让社会公众真正感知和认可“整体优势、组合效率”。因此，综合运输服务工作体现的是“1 + 1 > 2”的服务价值，凸显资源整合、集约利用的倍增效益。

2. 运输

交通基础设施建设的巨大成就，最终要靠运输服务来体现其根本价值。整合交通资源，强化运输组织，不断提升运输效率和服务水平，是交通运输行业对经济社会发展的重要责任。当前，我国交通运输已经从单一方式独立发展，转向综合运输协调发展的新阶段，提升运输效率的关键，是要把传统分方式、分专业、分环节的运输组织模式,通过一体化整合,打造全程高效紧密衔接的“运输链”。

3. 服务

交通运输本身就是服务性行业,向社会提供便捷、高效、安全、经济的客货运输服务,这是根本目的。同时,运输行业又是一个市场化程度很高的行业,政府职能转变的核心,在于为市场主体提供良好的制度与政策环境,激发市场主体活动和企业创造力。行业转型升级的动力,在于改变传统以基础设施供给为主导的运输发展模式,转而强调“以社会需求为导向、以服务满足为标准”的全新模式。因此,综合运输服务工作关键在于强化3个方面:促进运输方式整合、强调运输组织效率、注重服务需求导向。

(二)综合运输服务的要求

按照“整合资源、优化结构、提升服务”的思路,稳步推进各种运输方式资源的综合利用,加快促进全程“运输链”整体效率的提升,不断满足经济社会对运输服务的需求。为此,关键是要强化“三个视角”,把握“三个原则”,处理好“四个关系”。

1.“三个视角”

一是以社会需求为导向,强化需求管理,及时反映需求、主动引导需求;二是以运输链一体化组织为主线,强化综合效益,有必要把旅客联程运输和货物多式联运作为主导战略;三是以衔接协调为抓手,强化整体协同,要突出技术标准和服务规范的统筹。

2.“三个原则”

一是“积极作为”与“协调平衡”相结合,既要努力在综合集成上取得创新突破,又不能替代各种运输方式自身的服务提升;二是“突出重点”和“统筹全面”相结合,既要立足当前梳理重点和热点问题,尽快有所动作,又要谋划长远做好顶层设计,逐步推进和逐个突破;三是“综合协调”和“部门联动”相结合,既要强化牵头协调意识和工作组织,又要充分发挥各种运输方式行业主导部门的积极性,促进协同共赢。

3.“四个关系”

一是综合运输服务与单一运输服务的关系,综合运输服务着力于解决资源整合、集约增效问题;二是基础设施建设与运输服务能力提升的关系,综合运输服务一方面反映整体运输需求,另一方面解决运输一体化组织问题;三是政府和市场的关系,综合运输服务工作立足政府职能的正确定位,着眼于营造运输市场一体化发展的良好环境;四是部与地方的关系,交通运输部层面的综合运输服务侧重于解决

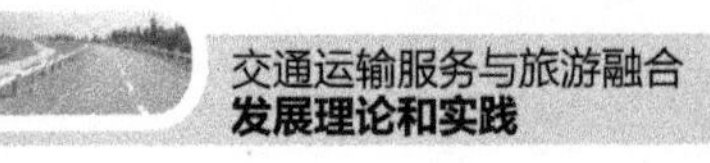

运输一体化的法律法规、标准规范、引导政策、平台组织等问题，地方交通运输部门侧重于具体组织实施和运输服务提供。

第二节　交通运输服务与旅游融合的概念内涵

一、交通运输服务与旅游融合的概念

交通运输服务与旅游融合（以下简称“交旅融合”）是指交通运输服务与旅游在场站设施、线路设置、行业管理、信息资源等方面相互支撑，相互共享，相互合作，最终实现交通运输服务与旅游共享、共建、共促的过程，为游客提供更好的旅游运输服务。

二、交通运输服务与旅游融合的分类

（一）按运输方式划分

1. 铁路运输与旅游融合

铁路运输与旅游融合发展又称铁路游，是指乘坐火车沿铁路路线观光的旅游方式。目前，随着铁路建设的加快推进，尤其是高铁的逐渐成网，因省时、便捷、舒适，铁路旅游成为人们的旅游时尚之选。典型的火车旅游产品主要有以下几种。

1）观光火车

观光火车又被称为旅游列车，更是广为大众接受的旅游景观列车。在欧洲观光火车不仅是交通工具，观光火车的运行前提是在风景优美的地方修建的观光铁路、景观铁路，是欧洲国家广为推崇的火车旅游开发模式。观光火车具有以下一些特点：

线路较短，但行驶线路周围风光旖旎；车厢经过特殊设计，便于观光和休憩；一部分为公营铁路，一部分为私营铁路，部分运营时间有季节限制；排放污染低，有助于对旅游地环境和景观的全方位保护；构成方式多样，观光单体火车为主，多组合观光火车的方式为辅。例如，瑞士的“黄金列车”，黄金列车并非一列火车，而是由3种观光火车接力完成，包括由琉森至茵特拉根的布宁观景快车、茵特拉根至兹怀斯文的蓝色列车、兹怀斯文至蒙特勒的水晶观景快车。

2）旅馆火车

旅馆火车，通常都是“夕发朝至”，主要针对希望节省住宿费用、节省非游览时间的旅游者。旅馆火车是一种不同于我们所说的硬卧铺的火车，而是将旅馆的理

念融入火车之中,因此服务更加完善,列车车身设计更加舒适,同时在时间安排上主要在1h的“睡眠时段”。旅馆火车通常有两类:

(1)全卧铺车厢类。全车厢都悬挂卧铺车厢,所有客票都需要预订位置,卧铺车厢通常都是包厢,人数越少的包厢价格越贵,有些豪华包厢匹配单独的卫生间。

(2)非全卧铺车厢类。不但悬挂有卧铺车厢,也挂有普通座椅车厢,通常这种座椅晚上可以放卧,也称为躺椅车厢,有些也不用进行座位预定。

3)遗产铁路

最后一种开发模式是遗产铁路。目前,全世界有两条遗产铁路,即奥地利塞默林铁路和印度大吉岭喜马拉雅铁路,分别于1998年和1999年列入世界遗产名录。世界遗产的申报成功,给两条铁路所在地带来了巨大的经济效益和社会效益。

奥地利塞默林铁路是第一条成为世界遗产的铁路,建于1848年到1854年,穿行于崇山峻岭中,全长41.7km。乘火车走上这条经典铁路,既能欣赏阿尔卑斯山的壮美风景,又可以体验奥地利铁路旅游的独特风情。它是全世界第一条穿越高山地区的铁路线,拥有众多的桥梁和隧道,因此被视作是征服自然的象征。铁路沿途景色雄伟壮观,由于它的开通,使许多娱乐场所得以开放。塞默林铁路不仅在奥地利国内和国际贸易中起着重要作用,而且还有利于塞默林地区的开发。它影响着当地旅游业的发展,自身也成为山区一道亮丽的风景。塞默林已经从一个寂寞小镇变成了旅游胜地。这里组织的滑雪、登山、网球、高尔夫球和骑马等运动都是度假者的最爱。而人们来这里,一定会乘火车。塞默林铁路是在地形复杂地区修建铁路的典范,以其高质量和对文化景观的影响于1998年被评为世界遗产。

2.航空运输与旅游融合

2015年9月15日,联合国世界旅游组织(WTO)与国际民用航空组织(ICAO)首次发表共同声明,强调旅游和航空运输是可持续增长与发展的重要部门,尤其是对于最不发达国家、内陆发展中国家和小岛屿发展中国家。为促进旅游和民航融合发展,应积极推行各种措施来改善航空运输条件,适当考虑以最符合成本效益的方式吸引公共和民营资本。

2014年10月14日,在广西桂林市举行的第八届联合国世界旅游组织/亚太旅游协会“旅游趋势与展望国际论坛”上,国家旅游业与民航业的相关官员与机构就分别提到旅游业与民航业的融合问题。民航业和旅游业发展的融合,已超越了单个行业本身,空中连通对旅游业发展有着重要影响。

然而,正如世界旅游组织与国际民用航空组织各自研究的结果展示的那样,虽然两者之间有融合发展的需要,但两者之间并不是简单的产业链上下游关系,也不是主业与辅业的关系，而是相互促进与相互回馈的关系。因此，在现阶段，要思考我国旅游业与民航业的融合发展策略，就有必要全面思考在我国经济与社会发展的新常态下，两个行业的共同特征与面临挑战的问题。

3. 道路运输与旅游融合

道路运输与旅游融合是指用于道路运输的汽车客运站、道路客运线路、旅游包车、旅游客运信息等道路运输要素与旅游景区景点、旅游服务、导游等旅游要素融合的发展方式。当前，受高铁、私人小汽车等出行方式的影响，道路客运行业面临激烈的竞争，转型升级压力巨大，道路运输与旅游融合发展是道路客运转型升级的重要方向。各地道路运输行业管理部门、道路客运企业纷纷探索与旅游融合发展的模式，涌现出旅游直通车、旅游集散中心、汽车列车等丰富多样的道路运输与旅游融合产品。

4. 水路运输与旅游融合

水路运输与旅游融合是指水运港口码头、运输船只等与旅游融合，拓展邮轮等旅游产品的发展方式。

(二)按要素划分

1. 基础设施融合

基础设施融合是指机场、火车站、汽车客运站、港口码头等枢纽场站，铁路、公路、航道等基础设施网络与旅游的融合。交通基础设施与旅游融合的方式主要有建设具有旅游功能的基础设施，如旅游公路、旅游集散中心等。另外，交通基础设施本身也可以作为旅游产品或旅游资源，如车站。

2. 服务网络融合

服务网络融合是指火车车次、民航航班、旅游客运线路、旅游包车、旅游航线等与旅游的融合，如铁路开行旅游专列、民航开行到旅游城市的航线、道路客运开通直达景区的旅游客运线路以及邮轮航线串联旅游城市等。

3. 产品融合

产品融合是指交通运输服务产品和旅游产品的提供者通过将交通运输服务产品与旅游景区景点游览、酒店、餐饮等旅游要素打包，为游客提供集交通运输服务、景区景点门票、住宿等一体化服务产品，如车票＋门票、车票＋门票＋酒店等旅游交通产品。

4. 装备融合

装备融合是指火车、城市公交、地铁等交通运输载运工具与旅游融合。装备融合主要有两种方式：一是载运工具本身具备旅游功能，如红色旅游公交车、小火车等;二是在载运工具上开展旅游产品宣传推广,为旅客播放宣传片,张贴旅游宣传材料等。

5. 信息融合

信息融合是指融合交通运输与旅游部门的行业管理信息、资源信息、运营信息等,为管理部门提供协同管理、优化决策,为运营企业提供协同服务、提升旅游质量,为游客提供全链条旅游运输服务的信息支撑。

6. 管理融合

管理融合是指交通运输服务与旅游在管理体制机制、管理政策制定、行业监管等方面进行整合和合作,从而实现提高管理效率、加强管理能力的目的。交通运输服务与旅游的管理融合目前有几种形式,建立交通运输与旅游定期协商的工作机制,联合出台相关的政策文件,开展交通运输部门与旅游部门联合执法等形式。

三、交通运输服务与旅游融合的主要特征

1. 开放性

开放性是指打破旅游和交通运输服务原本清晰的边界,实现旅游和交通运输服务之间要素的自由流动。

2. 共享性

共享性是指旅游和交通运输服务之间可以共享原本属性各自的基础设施、信息资源、线路资源等要素,如旅游公路、旅游线路、旅游集散中心等。

3. 同一性

同一性是指交通运输服务和旅游的基础设施、线路资源、市场主体、管理政策、服务产品之间有不可分割的联系,融合主体之间具有相互联结、相互吸引、相互渗透的倾向。

4. 阶段性

阶段性是指交通运输服务与旅游融合的状态根据发展的规律、所处的环境、经济社会发展阶段,可以划分为不同的阶段,终极目标是融为一体,但是在这之前是一个过程,不是一蹴而就的。

四、交通运输服务与旅游融合的主要条件

(一)政策条件

政策条件是交通运输服务与旅游融合发展的基础。交通运输服务与旅游融合

发展首先需要有宽松的政策环境,法律法规、政策未设置运输服务与旅游在信息共享、资源融合、相互合作等方面的限制条件。

(二)市场条件

市场条件是交通运输服务与旅游融合发展的重要条件。交通运输服务与旅游融合发展需要运输业与旅游业的市场经营主体之间相互合作、相互共享,统一、竞争、开放、有序的市场环境对于交通运输服务与旅游融合发展至关重要。

(三)需求条件

需求条件是交通运输服务与旅游融合发展的保障。交通运输服务与旅游融合发展需要蓬勃发展的旅游产业,将会带来巨大的旅游客运量,只有旅游运输客运量达到一定的数量,交通运输服务的线路、车辆和场站才会与旅游的场站、景点和旅游资源产生更紧密的联系,才能相互融合。

(四)技术条件

技术条件是交通运输服务与旅游融合发展的动力。交通运输服务与旅游融合发展必然需要交通运输的线路、场站、客流需求、产品与旅游产品、资源等进行融合,而移动互联网、大数据等技术手段的普及和应用,为交通运输服务与旅游融合发展提供强大动力,使得运游融合更具可行性。

五、交通运输服务与旅游融合的发展阶段

(一)交通运输服务发展阶段

新中国成立以来,我国交通运输服务发展大致可以分为 4 个阶段:瓶颈制约、初步缓解、基本适应和综合运输 4 个发展阶段。

1.瓶颈制约阶段

新中国成立之初,交通运输面貌十分落后。全国铁路总里程仅 2.18 万 km,有一半处于瘫痪状态。能通车的公路仅 8.08 万 km,民用汽车仅 5.1 万辆。内河航道处于自然状态。民航航线只有 12 条。邮政服务网点较少。主要运输工具还是畜力车和木帆船等。

新中国成立后,我国政府明确提出,首先要创造基本条件恢复交通运输。经过 3 年的国民经济恢复期,修复了被破坏的交通运输设施设备,恢复了水陆空运输。1953 年起,开始有计划地进行交通运输建设。在第一个、第二个五年计划和国民经济调整期间(1953—1965 年),国家投资向交通运输倾斜,改造和新建了一批铁路、公路、港口码头、民用机场,提高了西部和边远地区的交通运输基础设施覆盖程

度，疏浚了主要航道，新开辟了国际、国内水路和空中航线，扩大了邮政网络，增加了运输装备数量。“文化大革命”期间(1966—1976年)，交通运输发展一度受到严重干扰，但设施和装备规模、运输线路仍在增加，特别是针对沿海主要港口压船、压港、压货日趋严重的局面，加快了港口基础设施建设。在此期间，管道运输也得到了发展。

2. 初步缓解阶段

1978年，改革开放揭开了我国经济社会发展的新篇章，交通运输步入了快速发展阶段。政府把交通运输放在优先发展的位置，加大政策扶持力度，在放开交通运输市场、建立社会化融资机制方面进行开创性探索，积极扭转交通运输不适应经济社会发展的被动局面。铁路实行经济承包责任制；出台了提高养路费征收标准、开征车辆购置附加费以及“贷款修路、收费还贷”等扶持公路发展的三项政策；公路、水运工程建设项目开始实行招投标制度；港口率先对外开放，海运业最早实现“走出去”；民航走上了企业化发展道路，航空运输市场开始形成；实施邮政管理体制改革，成立中国速递服务公司，恢复办理邮政储蓄业务；加大交通运输建设投资力度，吸引社会资本参与基础设施建设。1988年沪嘉高速公路通车，实现了我国大陆地区高速公路零的突破。

3. 基本适应阶段

1992年，我国确立了建立社会主义市场经济体制的改革目标。交通运输不断加大改革开放力度，各种运输方式发展取得突破性进展。开展铁路建设大会战，1997年起进行了连续6次铁路大提速。公路和水运实施公路主骨架、水运主通道、港站主枢纽和支持保障系统的“三主一支持”规划，制定了加快建设步伐的目标任务。民航机场建设费和基础设施建设基金、铁路建设基金、内河航运建设基金先后设立。为应对东南亚金融危机，我国实施积极的财政政策，公路建设投资进入“快车道”，高速公路建设大规模兴起。实施西部大开发战略，全面加强西部地区铁路、公路、机场、天然气管道干线建设。提出“修好农村路，服务城镇化，让农民兄弟走上沥青路和水泥路”的发展目标，掀起农村公路建设新高潮。深化港口管理体制改革，加快港口建设。实行邮电分营和邮政政企分开，邮政向信息流、资金流和物流“三流合一”的现代邮政业方向发展。《中长期铁路网规划》《国家高速公路网规划》等一系列规划陆续出台。大力提升交通运输基本公共服务水平，全面加强城乡客运、城市公共交通、交通运输安全应急救助等领域建设。2008年组建交通运输部，交通运输大部门体制改革迈出实质性步伐。2008年，京津城际铁路通车运营，我国开启了“高铁时代”。

4. 综合运输阶段

党的十八大以来，交通运输进入了加快现代综合交通运输体系建设的新阶段。2013 年，铁路实现政企分开，交通运输大部门体制改革基本落实到位。交通运输全面深化改革，建设法治政府部门，加快综合交通、智慧交通、绿色交通、平安交通"四个交通"建设，围绕"一带一路"建设、京津冀协同发展、长江经济带建设三大国家战略制定发展规划。加快综合交通运输基础设施成网，推进多种运输方式有效衔接。促进现代物流业发展，提升综合运输服务保障水平。加强交通运输基本公共服务供给和管理，支持集中连片特困地区交通运输基础设施、城乡客运、城市公共交通发展。推进东、中、西、东北"四大板块"区域交通协调发展，西部地区高铁加快发展，中西部地区交通条件显著改善。2013 年，西藏墨脱公路建成通车，我国真正实现县县通公路。

（二）旅游发展阶段

新中国成立 70 年来，我国旅游业大致经历了 5 个阶段：开创阶段、初创阶段、产业化进程阶段、市场化深入阶段和"全面融入国家战略"阶段。

1. 开创阶段

自新中国成立到 20 世纪 70 年代，我国还没有真正现代意义上的旅游业。20 世纪 50 年代初，我们对外交流刚刚起步。1949 年 11 月，我国在厦门成立华侨服务社，即现在的"中国旅游社总社"的前身，主要是为华侨回国探亲、访友、参观、旅游提供服务。1954 年，我国成立了中国国际旅行社总社以及上海、杭州、南京、汉口、广州、沈阳、哈尔滨、安东、大连、满洲里、天津、凭祥、南昌等分社，开始接待苏联和东欧各国的自费旅游者。1950 年，"夏令营"曾经风靡一时，甚至到莫斯科郊外去夏令营。

由于接待外宾的需要，1964 年中共中央批转中央外事小组《关于开展我国旅游事业的请示报告》。1964 年 12 月，在国旅总社的基础上，设立了中国旅行游览事业管理局（国家旅游局前身）作为国务院的直属机构，与国旅总社两个牌子一套班子，合署办公。1973 年，国务院批准桂林成为对外开放旅游城市。总体而言，这一阶段，我国还没有真正意义上的现代旅游，旅游只是作为国家对外交往的窗口，国民旅游基本上是空白。

2. 初创阶段

改革开放以后，国家为改革开放大局所需提出"大力发展旅游事业"。国家第一个关于旅游业发展的战略性文件——《国务院关于加强旅游工作的决定》（1981 年国务院 80 号文件）有两个定位：第一个是双重性质双重目标，"旅游事业在我国既是经济事业的一部分，又是外事工作的一部分"，旅游业发展要"政治经济双丰收"，这是用以确定旅游业"中国式道路"特征的定位；"旅游事业是一项综合性事业，是国民经济的一个组成部分，是关系到国计民生的一项不可缺少的事业"——这也是第一次关于产业重要性的精准定位。

3. 产业化进程阶段

这个阶段也可以前后拉长一点，从1986年国民经济"七五"计划，到1998年12月，中央经济工作会议把旅游业明确为"国民经济新的增长点"。1981年，国务院主持制定了旅游业第一个发展规划，在5年后列入国家第7个国民经济发展计划。5年实践、5年探索有多难可以想象，最终这个发展规划敲定了作为"国民经济一个组成部分"的产业应该有的基本政策体制保证，旅游业在国民经济的轨道上开始了产业化进程。旅游业产业化进程和国家20世纪90年代开始的扩大内需和经济结构转型同轨同频同行。旅游业随着1992年国家市场机制的完善而转型，主动在国民经济发展中承担更大的责任。这10年，是开启产业化、市场化发展进程的10年。

4. 市场化深入阶段

从1998年到2009年，"假日制度"推出，大众旅游风生水起，旅游市场繁荣兴旺。在国家整体转型继续深入推进经济结构转型的大背景下，为充分发挥旅游业在"保增长、扩内需、调结构"等方面的积极作用，《国务院关于加快发展旅游业的意见》(国发〔2009〕41号)提出，"把旅游业培育成为国民经济的战略性支柱产业和人民群众更加满意的现代服务业"。30年后又是一次"双目标定位"，之后《中华人民共和国旅游法》颁布，第一部《国民旅游休闲纲要》出台，共同体现旅游业对国民经济作用的"增强凸显"，同时也是旅游业对国民生活重要性的"深度显现"。

5. "全面融入国家战略"阶段

党的十八大以来，按照《国务院关于促进旅游业改革发展的若干意见》(国发〔2014〕31号)，旅游业以主动与新型工业化、信息化、城镇化和农业现代化相结合的更大格局，以对经济社会、文化生态多方协同的改革精神，全面融入国家战略体系，在推动"旅游+""大旅游""全域旅游"的过程中，转型升级形成了新格局。按照"五位一体"总体布局和"四个全面"发展要求，"全域旅游"不仅是符合旅游业规律的发展要求，而且是促进经济社会统筹推进和协调发展的重要载体。"大力发展全域旅游"成为2017中央经济工作会议对旅游业定位的重要肯定。

(三)交通运输服务与旅游融合发展阶段

从交通运输服务和旅游业发展阶段来看，交通运输服务与旅游的发展阶段基

本同步，与国家经济社会发展保持基本一致。交通运输服务与旅游融合发展也大致分为4个阶段。

1. 第一阶段：基本空白阶段

从新中国成立，到改革开放以前，这一阶段，旅游业处于开创阶段，谈不上有现代意义的旅游，而交通运输服务也处于瓶颈制约阶段，各种交通运输方式发展非常滞后，这一阶段，虽然交通运输服务是旅游不可或缺的要素，但一方面，基本没有真正意义的旅游，另一方面，交通运输服务与旅游在基础设施、运输服务也不存在资源共享、协同等方面的融合，交通运输服务与旅游融合基本为空白。

2. 第二阶段：独立发展阶段

改革开放以后，到1998年左右，这一阶段是交通运输服务处于由初步缓解到基本适应的发展阶段，各种运输方式快速发展，但仍然难以满足人民群众的交通运输需求。而旅游业处于产业化进程阶段，这一阶段，旅游业发展还较慢，市场化程度不高，国民旅游尚未发展起来，因此，这一阶段，交通运输服务与旅游虽然发展较快，但尚未开展实现真正意义上的融合。

3. 第三阶段：自发快速融合阶段

1998—2016年，这一阶段，交通运输服务处于快速发展的阶段，交通运输的服务能力大幅提长，各种运输方式快速发展，同时旅游业也迅速发展，旅游规模不断壮大，旅游业也呈现大众化、全域化、品质化等特点，旅游日益成为人民群众生活的重要组成部分，而随着市场经济的发展，交通运输服务主体和旅游服务主体，也积极探索融合的方式，积极开发旅游融合产品，交通运输服务与旅游融合快速推进。

4. 第四阶段：系统全面融合阶段

随着交通运输服务与旅游融合发展得越来越大，社会共识越来越强、产业规模越来越大，2017年，交通运输部与国家旅游局联合出台了《关于促进交通运输与旅游融合发展的若干意见》。全面系统梳理了交通运输与融合发展的发展目标、发展思路和重点任务，是我国交通运输服务与旅游融合发展的纲领性文件。2018年，交通运输部又与文化和旅游部在广西桂林召开全国运输服务与旅游融合发展现场推进会。这一个政策和一次会议，标志着交通运输服务与旅游融合发展进入全新的阶段，由市场自发融合向政府和市场同时推进转变，由单点单区域向全面全域融合转变，我国交通运输服务与旅游进入系统全面融合的阶段。

第三章
交通运输服务与旅游融合发展评价

第一节　总体思路

一、评价思路

为指导各地开展交通运输服务与旅游融合发展评价工作,建立科学的评价方法,客观地评价各地交通运输服务与旅游融合发展所处的水平,从而采取科学、有效地针对性措施,提高基本公共服务水平,满足百姓旅游对交通运输的需求。

二、评价业务范围

交通运输服务与旅游融合发展评价业务涉及铁路、公路、民航、水运等多种交通运输方式,同时也涉及旅游等产业。

三、评价主体和客体

交通运输服务与旅游融合发展评价的主体是县级及以上交通运输和旅游主管部门或县级以上人民政府,县级交通运输和旅游主管部门或县级人民政府对本行政区的交通运输服务与旅游融合发展进行评价,上级的交通运输和旅游主管部门或人民政府对辖区内的县级及以上行政区进行评价。评价的客体是县级及以上行政区划单位。

四、评价原则

发展性原则。交通运输服务与旅游融合发展评价要以促进当地交通运输服务与旅游融合发展水平为出发点和归宿。实施交通运输服务与旅游融合发展评价要科学地评价当地的发展水平,找出交通运输服务与旅游融合发展的薄弱环节,明确努力方向,从而促进当地交通运输服务与旅游融合发展水平。

激励性原则。通过交通运输服务与旅游融合发展评价,并将评价结果与交通运输行业的业务相挂钩,加强评价结果的应用,提高当地政府提升交通运输服务与旅游融合发展水平的意愿和责任,提升政府以及交通运输主管部门的积极性,从而提高基本公共服务水平。

客观性原则。交通运输服务与旅游融合发展评价方法、评价指标、评价过程、评价等级的划分要充分考虑各地的实际情况,评价结果必须要真实、客观地反映当地的交通运输服务与旅游融合发展水平,同时也在考虑区分度,评价结果体现不同发展水平的地区差异。

可操作性原则。交通运输服务与旅游融合发展评价指标的选取、评价方法的选择必须要遵循指标可量化、数据可获取、方法可操作、简单易懂、评价成本较低的原则,从而确保评价工作更加顺利的实施。

突出重点原则。重点选择了影响交通运输服务与旅游融合发展水平的关键指标作为评价方法的指标,实行差异化的指标计算权重,对关键指标要提高指标的计算权重,对于部分对交通运输服务与旅游融合发展影响不大的指标不予纳入指标体系。

第二节　评价指标体系

一、指标选取的原则

交通运输服务与旅游融合评价指标选取遵循以下原则:

(一)系统性原则

评价指标体系作为一个有机整体,应能全面反映交通运输服务与旅游融合发展状况。既要反映交通运输服务和旅游的发展水平,又要体现交通运输服务与旅游之间融合的状况,否则评价的结论是不可信的,甚至造成错误的导向。

(二)科学性原则

指标选择要科学合理,能够客观真实地反映交通运输服务与旅游融合发展全貌和水平,指标概念要确切科学,不能模棱两可,指标释义要准确,不能有歧义,数据来源和计算范围要明确,保持一致。

（三）客观性原则

保证评价指标选取的客观公正，保证数据来源的可靠性、准确性和评估方法的科学性。

（四）可操作性原则

指标的选取要尽可能可以从统计部门定期发布的统计数据中获取，或者可以通过抽样调查和典型调查获得，指标要具有可测性，易于量化。

（五）可比性原则

即所用数据要求可比。所选择的指标在各评价对象中具有统一的定义和计量标准，这样才能保证评价比较在同一基础上进行。对于概念不清、无法测量的指标尽量不做评价指标。

（六）简洁性原则

由于交通运输服务和旅游融合发展涉及众多因素，反映其发展现状的指标数庞大，因此指标要有典型性和代表性，在保证系统性的前提下，以最少的指标数量反映最重要的特征，尽量选择那些有代表性的综合指标和主要指标。

涉及交通运输服务与旅游融合发展评价的指标有很多种，精确的量化不等于评价的准确，对于发展水平总体评价，应选取尽量少的指标，反映最主要和最全面的信息，使每项指标具有相对独立性、可量化性、通用性。总之，在设置和筛选指标时，应坚持系统性、科学性、客观性、可操作性、可比性和简洁性原则的统一。其中系统性、科学性、客观性对交通运输服务与旅游融合发展评价指标体系的理论探讨具有深远的意义；而可操作性、可比性和简洁性有利于指标体系在实际评价中的推广应用。

二、指标体系框架

评价交通运输服务与旅游融合发展的情况，一方面要评价交通运输服务与旅游融合的基础，另一方面要评价交通运输服务与旅游融合发展水平。

（一）融合基础评价指标体系

交通运输服务与旅游融合发展基础，重点评价一个城市或区域融合的条件情况，主要包括基础设施和运营服务两个方面。具体包括旅游景区数量及等级、铁路火车站数量及等级、民航机场数量及等级、高速公路路网密度、全社会营业性客运量和旅游接待人数 6 个指标（表 3-1）。

交通运输服务与旅游融合基础评价　　表 3-1

目标层	准　则　层	指　标　层
设施	旅游资源	旅游景区数量及等级
	交通基础设施网络规模	铁路火车站数量及等级
		民航机场数量及等级
		高速公路路网密度
服务	交通运输服务	全社会营业性客运量
	旅游	旅游接待人数

(二)融合发展水平评价指标

交通运输服务与旅游融合发展水平评价指标体系分为 3 个层次:目标层、准则层和指标层。

目标层有 5 个指标,分别为设施融合、运营融合、服务融合、管理融合和发挥作用。

准则层有 11 个指标,其中设施融合指标下有场站、旅游公路两个准则层指标;运营融合指标下有线路、车辆、产品 3 个准则层指标;服务融合指标下有旅游服务、旅游包车客运服务两个准则层指标;治理融合指标下有管理和信息两个准则层指标;引领作用指标下有经济贡献、社会贡献两个准则层指标。

指标层共有 13 个指标,分别为旅游集散中心与客运站场一体化、4A 级及以上景区、二级及以上公路覆盖率、4A 级及以上景区旅游客运线路和旅游公交线路覆盖率、旅游包车客运车辆座位数、融合产品销售量、旅游投诉率、旅游包车投诉率、旅游交通管理机制、联合执法情况、旅游交通信息共享情况、旅游包车信息系统建设情况、旅游产业 GDP 贡献率、旅游产业带动就业人数(表 3-2)。

交通运输服务与旅游融合发展水平评价指标体系　　表 3-2

目标层	准　则　层	指　标　层
设施融合	场站	旅游集散中心与客运站场一体化
	旅游公路	4A 级及以上景区二级及以上公路覆盖率
运营融合	线路	4A 级及以上景区旅游客运线路和旅游公交线路覆盖度
	车辆	旅游包车客运车辆座位数
	产品	融合产品销售量

续上表

目标层	准 则 层	指 标 层
服务融合	旅游服务	旅游投诉率
	旅游包车客运服务	旅游包车投诉率
治理融合	管理	旅游交通管理机制
		联合执法情况
	信息	旅游交通信息共享情况
		旅游包车信息系统建设情况
引领作用	经济贡献	旅游产业 GDP 贡献率
	社会贡献	旅游产业带动就业人数

第二篇

交通基础设施与旅游融合

第四章
基础设施网络通达情况

近年来,我国综合交通建设稳步推进,实现了交通基础设施跨越式发展。综合交通基础设施网络不断完善。截至 2018 年底,全国"十纵十横"综合运输大通道中国家高速公路已建成 80%,公路网总里程达到 485 万 km,高速公路加快贯通成网,建成通车里程突破 14.3 万 km,二级及以上高速公路比例达 13.4%,建制村通硬化路率达 99.5%,贫困地区建成旅游路、资源路和产业路 1.3 万 km,建设改造国省干线服务区和停车区 1443 个。铁路营业里程达到 13.1 万 km,其中高铁近 2.9 万 km。内河航道里程达到 12.7 万 km,沿海港口万吨级及以上深水泊位 2444 个,长江、珠江黄金水道通过能力显著提升,支线航道等级进一步提高,通江达海、干支衔接的航道网络进一步完善。民航运输机场达 235 个,服务覆盖全国 66% 的地市。高铁、高速公路、城市轨道交通运营里程和港口深水泊位数量均居世界第一。综合运输网络对旅游的保障作用日益增强。

第一节　公　　路

一、高等级公路服务旅游能力不断提高

截至 2017 年底,我国高速公路已覆盖 97% 的 20 万人口城市及地级行政中心,二级及以上高速公路通达 96.7% 的县。公路景观与自然更加融合,开展延庆至崇礼、浙江温州瓯江北口大桥等 33 项绿色公路示范项目,"人在车中坐,车在画中行"走进现实。

二、典型省市公路旅游服务能力显著增强

辽宁省 14 个省辖市和所有陆地县(市、区)全部通高速公路,高速公路地级和县级行政区覆盖率达到"双百"。全省已形成以高速公路为主骨架,国省干线公路为主通道,县乡公路紧密衔接、功能完善、四通八达的公路网格局;干线公路全部铺

装,建制村全部通沥青路,农村公路实现"村村通"。全省3A级以上景区(不含海岛及城市内部景区)基本能够实现与高速公路及干线路网衔接紧密。至"十二五"末,78%的3A级以上景区距高速公路出入口的里程在20km范围内,91%的3A级以上景区连接线至国省干线里程在20km范围内,主要海岛陆岛交通运能充沛,有力支撑了全省出入境游客的到发性旅游交通需求。

截至2018年底,重庆市高速公路通车里程达到3096km,对外出境通道11个,与四川、贵州、湖北等周边五省省会城市均实现高速公路连通,全面建成"8h周边游"。重点景区所在区县均已通达高速公路,从主城出发可实现4h通达景区所在县城。全市130个A级景区中97个通二级及以上公路(含城市道路),由县城至重点景区基本实现高等级公路相连,基本实现1h通达。农村公路建设过程中,在重点解决行政村通畅问题的同时,注重景区路建设。从县城到主要乡村旅游景区的公路基本硬化,路容路貌逐步改善,为乡村旅游发展提供了基本的交通出行保障。

截至2018年,浙江省公路通车总里程已达11.54万km,其中高速公路通车里程达到3787km,一级公路5310km,二级公路9610km,公路密度达到113.39km/百平方km。2003至2015年全省累计完成交通建设投资6712亿元(是新中国成立以来至2002年的6倍),新增高速公路2480km,有效拉近了千岛湖、江郎山、雁荡山、楠溪江、神仙居等旅游景区的空间距离;带动了桐庐、安吉、开化、庆元、泰顺等生态县特色旅游发展;打通横村、尤溪、柳城、孝丰等风情小镇对外通道,构建起一条条百姓致富增收之路。全省成功打造"102040"交通圈(即乡镇10min驶上高速公路、乡镇之间20min通达、村与村40min互通),形成了较为完善发达的交通运输网络体系,旅客出行的快捷性、安全性及舒适性有了根本性的改善。

陕西省在高速公路网规划和国省道网规划的调整过程中始终高度重视对旅游景区的连接和覆盖。在高速公路网中布局了法门寺连接线、铜旬高速、延志吴高速、平镇高速、太凤高速等多个连接重要旅游景区的高速公路线路,支撑重要景区与高速公路网的快速连接。通过高速公路网和国省干线的布局,覆盖了全省所有5A级景区,96%的4A景区和98%的3A景区。

第二节 铁　　路

随着旅游消费的不断升级,高铁速度快、舒适、安全等优势日益受到人民群众的青睐,由高铁带来的连锁效应已然成为新时代旅游发展不可忽视的一大趋势。高铁路网的快速普及正在深刻影响目的地全域旅游的发展。截至2018年底,我国高铁营运里程超过2万km,高铁覆盖65%以上的百万人口城市,贵阳、桂林、黄山等重点旅游城市相继开通高铁线路,在337座优秀旅游城市中,超过60%旅游城市已开通高铁线路。

《2018新消费时代的目的地营销趋势预测》评选出了高铁旅游目的地20强,苏州、无锡、黄山、武夷山、婺源、三清山、泰安等非省会旅游城市均在列。在旅游升级的时代,高铁的区位优势更为明显,能够带动一个区域的旅游发展。一列列高铁在穿行中将区域的旅游圈连在一起,陆续诞生了多条"高铁风景线":合福高铁、京沪高铁、沪昆宁高铁、杭深高铁、京广高铁以及最新开通的西成高铁等,正在快速改变着各地的旅游产业格局。2015年开通的合福高铁连接我国经济发展活跃和颇具潜力的众多地区,运输需求旺盛、经济互补性强,串联合肥、婺源、福州等旅游城市,全长808km,沿途覆盖5个世界遗产、10个5A级景区,开通两年来,大大增强了区域铁路运输能力,带动了沿线旅游资源开发。2016年底沪昆高铁开通后,上海至昆明全程只需10h,途经杭州、南昌、长沙、贵阳等旅游城市,串起了滇池、黄果树瀑布、花江大峡谷、平坝天台山,洞庭湖、鄱阳湖、西湖等旅游资源,被称为"中国最美高铁"。

第三节　民　　航

一、民航机场开通运营带动旅游城市发展

目前我国民用机场体系已初步建立,基本形成以北京、上海、广州等国际枢纽机场为中心,以深圳、成都、杭州、昆明、重庆、西安、厦门、武汉、乌鲁木齐、大连等区域枢纽机场为骨架,与其他城市干线、支线机场相配合的基本格局,我国机场数量(不包含香港和澳门)由2009年末的166个增至2018年末的235个,全国运输航空公司共59家,持有通用航空经营许可证的通用航空企业共345家,民航运输飞机3065架,通用航空器2205架。

机场的建设和发展,作为重要的旅游基础设施,带动了许多旅游城市的发展。神农架、五台山等重要景点开通机场航线,旅游地机场大多为旅游城市机场,也有少数离城市较远的景区机场,如九寨沟机场是旅游城市机场。西双版纳、丽江、大理、张家界、九寨沟—黄龙等著名旅游地的机场开航后业务量增长迅速,香格里拉、康定、长白山、腾冲等一系列主要以旅游者为服务对象的机场也已建成通航。

丽江旅游业从20世纪90年代初期开始起步,迅速发展,航空运输业起到了积极的促进作用。1995年,机场投入使用的第一年客流量仅1.87万人次,而到2010年这一数字迅速扩大到了221.77万人次。1995—2010年,丽江游客接待量和旅游综合收入由84.5万人次和5660万元,增加到909.97万人次和112.46亿元,分别增长了10.77倍和21.1倍。旅游业总收入占全市GDP的比例从1995年的18.3%增加到了2010年的78.3%。

贵州省已建成通航11座运输机场,实现了民航运输机场9座地市(州)全覆盖,其中,遵义市、黔东南州分别有2座机场。按机场数量与国土面积占比计算,贵州省达到了每万平方公里约0.62座机场,高于全国,也高于西南地区各省(市、自治区),是西南地区机场分布密度最高的省份,是全国平均水平的1.6倍。通过民航的大建设、大发展,促进扩大对外开放、产业结构调整和发展方式转变,为实施工业强省战略、城镇化带动战略和建设旅游大省提供有力支撑。

甘肃省建立了联通各地的航线网络,为国内外游客的往来提供保障。截至2017年底,甘肃省民航机场集团国内外通航城市累计达到102个,执飞航空公司42家,开通了26条国际和地区客运航线,3条国际和地区货运航线,通达至欧洲、西亚、日韩、东南亚等25座"一带一路"沿线城市。旅客吞吐量从2014年的751万人次增加到2017年的1441万人次,年均增速超过了24%。甘肃民航机场集团在旅游业务发展上下大力气,形成了"机场+"的营销模式,通过联合政府旅游相关部门、航空公司、旅行社、酒店、景区等各方力量,积极研发产品,共同开展市场营销推广,在敦煌、嘉峪关、张掖等地取得了良好的效果。

二、民航在远距离出行优势明显

国际货币基金组织的一项研究显示,当人均GDP在1500~5000美元时,国民每人每年坐飞机的次数,将由0.01次迅速增长为0.5次左右。当前,中国进入产业结构和消费结构快速升级的时代,为民航业的发展提供了机遇。

同程旅游联合新华网发布的《2018新消费时代的目的地营销趋势预测》指出,飞机已成为人们长线出游的首选交通工具,其次是舒适、便捷的高铁动车,如图4-1所示。近年来旅游市场需求火爆,带动了机场客流的平稳增长。2017年春节黄金周期间,哈尔滨机场完成旅客吞吐量达到43万人次,较2016年同期增长6.8%。齐齐哈尔、牡丹江、佳木斯、黑河、漠河、伊春、大庆、鸡西、加格达奇、抚远、建三江、五大连池等12个支线机场共完成旅客吞吐量9.4万人次,较2016年同期增长31.3%。其中,齐齐哈尔、牡丹江、佳木斯、伊春、大庆等5个支线机场旅客吞吐量实现两位数增长，齐齐哈尔机场增长12.4%、牡丹江机场增长32.2%、佳木斯机场增长59.9%、伊春机场增长25.4%、大庆机场增长36.0%。

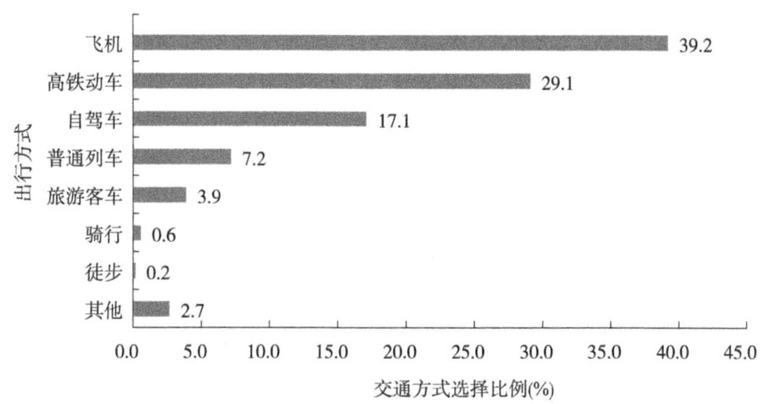

图4-1　旅客远距离出行交通方式选择比例

三、通用航空进入蓬勃发展阶段

通航航空产业对旅游、消费等具有很大的带动作用，对于深化军民融合发展，建设科技强国、航天强国、交通强国，培育新的经济增长点，具有重大的战略意义。2017年国家发展改革委印发《关于建设通用航空产业综合示范区的实施意见》(国办发〔2016〕38号)，指出到2020年，建设50个通用航空产业综合示范区，自主研制的通用航空器对新增市场的贡献率达到50%，带动建成50个以上通用机场，力争实现通用航空产业经济规模5000亿元，成为区域经济发展的新增长极和产业转型升级的新动力。首批综合示范区选择在北京市、青岛市、郑州市、成都市等26个城市先期开展试点示范，并制定了8项重点任务：促进制造水平升级、大力发展配套产业、加强创新创业能力建设、加快通用机场规划建设、积极拓展运营服务、促进产业融合与协同发展、推动改革政策先行先试、鼓励开放合作发展等。

荆门市是我国重要的通用航空产业基地，2017年入选全国首批通航产业综合示范区。2017年底，湖北省首条通勤航线荆门—武汉顺利开通。自此，荆门到武汉仅需1h。

第四节　水　　运

一、国际邮轮旅游发展现状

在我国海洋强国战略和21世纪海上丝绸之路战略的推动下，海洋旅游产业进入了高速的发展期。在西方邮轮市场增速逐渐放缓、市场容量有限的驱动下，国际邮轮公司亟须开辟新兴的邮轮市场，而亚洲的中国东南沿海地区经济发达、海洋资源丰富、旅游业发展较为成熟、出境旅游需求旺盛，使得其成为中国邮轮市场的中心地区。邮轮港口作为邮轮产业发展基础设施，在区域邮轮经济的发展中起着重要的支撑作用，见表4-1。2018年全国邮轮港口接待邮轮976艘次，母港邮轮898艘次，访问港邮轮78艘次，接待游客量228.36万人，中国出境游客488.67万人次。

2018年我国主要邮轮港口游客接待量　　表4-1

邮轮港口名称	接待邮轮(艘次)	接待游客(万人次)
上海吴淞口国际邮轮港	375	271.6
上海港国际客运中心	28	3.0
天津国际邮轮母港	116	68.3
青岛邮轮母港	44	10.8
广州港国际邮轮母港	94	48.1
厦门邮轮母港	96	32.5
三亚凤凰岛国际邮轮港	20	2
舟山群岛国际邮轮港	1	0.04
大连国际邮轮港	37	8.4

目前华北、华东、华南地区均建立了邮轮港口群。中国邮轮港口包含上海吴淞口国际邮轮港、天津国际邮轮母港、青岛邮轮母港、广州港国际邮轮母港（建设中）、深圳招商蛇口国际邮轮母港等多家具有较大影响力的邮轮母港，厦门也于2018年建成厦门邮轮母港。另外还有上海港国际客运中心、三亚凤凰岛国际邮轮港、舟山群岛国际邮轮港、烟台港。

上海吴淞口国际邮轮港位于上海宝山区吴淞口炮台湾水域，原设计游客接待量为60万人次/年，二期工程向上游延伸380m，向下游延伸446m，码头总长度1600m，可以实现4艘邮轮同时靠泊，接待能力达到近360万人次/年，可停靠22万吨级邮轮。2018年接待邮轮375艘次，占全国38.4%的份额，接待游客271.6万人次，占全国55.6%的份额，成为全球第四、亚洲第四大国际邮轮母港，仅次于迈阿密（接待游客量550万人次）、劳德代尔堡（420万人次）、卡纳维拉尔（382万人次）。

天津市国际邮轮母港开发面积达到70万m^2，建有2个大型国际邮轮泊位及配套客运站房，可停靠目前世界上最大邮轮，设计年旅客通过能力达到50万人次。依托天津邮轮母港，借鉴国际邮轮母港发展经验，天津市创造了“空海联运”的交通新模式。2015年成功组织各地游客乘包机直达天津机场，而后由邮轮出海。同时，持续推进“空铁联运”，深化“经津乐道”旅游品牌。天津邮轮母港公司于2017年3月开通邮轮旅客至滨海国际机场行李托运业务，2017年5月开通邮轮母港至滨海国际机场之间旅客直通车服务，2018年1月开通邮轮母港至北京首都机场旅客直通车服务。2017年累计托运行李2400余件，接送邮轮旅客10800余人次；2018年截至3月底，已完成旅客行李直运160件，接送旅客993人次，有效满足了首都国际机场邮轮旅客换乘需求，拓展了天津国际邮轮母港海空联运业务服务范围。

二、国内典型省市水运旅游发展现状

天津市不断加大海河市区段综合开发改造力度，在具备条件的部分河段开发水上旅游项目，海河上游已建成9个专供旅游船停靠的码头，投入运营游船16艘，共1900个客位，2015年全市水上旅游客运量已达80万人次，海河水上观光游已成为我市一道靓丽的风景线。

湖北省港航局印发《湖北省“十三五”贫困地区旅游渡运码头建设实施方案》，推进渡运码头在建设的基础上兼顾旅游码头的功能，同时充分利用项目建设增强贫困地区旅游发展的造血功能，为贫困地区湖库区便民出行、水运旅游发展和脱贫致富提供有效途径。

四川省旅游发展委员会、四川省交通运输厅、四川省水利厅2018年1月印发《四川省水上旅游发展规划》，全面对接国家“一带一路”和长江经济带发展战略，落实国家旅游局《长江国际黄金旅游带发展规划纲要》，全面梳理了四川省水上旅游资源开发利用状况，制定水上旅游发展目标及具体行动计划。四川号称“千河之

省”,境内有长江和黄河两大水系,共有大小河流1419条,其中流域面积500km^{2}以上的河流有345条,1000km^{2}以上的有22条,具备水运旅游融合发展的良好条件。规划至2030年,形成四川省水上旅游“1574”点线空间布局,1个中心:成都水上旅游集散服务中心;5大流域水上旅游经济带:嘉陵江流域水上旅游经济带、沱江流域水上旅游经济带、岷江流域水上旅游经济带、金沙江流域水上旅游经济带、长江干流(四川段)水上旅游经济带;7条黄金水道观光休闲游览线(其中3条跨境旅游线):广元—南充山水人文旅游线、南充—重庆跨境水上观光休闲游览线、成都—乐山锦绣天府水上观光体验线、长江干流乐渝跨境醉美水上邮轮旅游线、绵阳—遂宁名人故里文化休闲水上旅游线、遂宁—重庆跨境水上旅游线、达州—广安巴文化水上休闲旅游线;40个精品水上旅游区。积极培育旅游新业态,促进水运与旅游融合发展,为四川省发展全域旅游,建设世界重要旅游目的地提供支撑。

第五章
枢纽场站发展情况

第一节 旅游集散中心的概念和内涵

旅游集散中心是主要为散客提供信息咨询、旅游交通等服务的场所。数据显示,我国北京、上海已经成为国际上少有的特大型旅游城市。2019 年,我国国内旅游接待人数超过 60 亿人次,约七成的游客出行选择在非景区,超过 50% 游客表示对将要去的旅游目的地非常了解,旅游活动呈现散客化、休闲化的特点。根据国际经验,散客旅游服务体系的健全成为衡量一个城市旅游服务体系是否健全的关键因素。由此,旅游集散中心作为中国特色化的组织机构而生。在我国,旅游集散中心是人们耳熟能详的名词。它的飞速发展来源于不断出现大量自由行游客,虽然每年国外出门自驾旅游的自由行者不占少数,但国内外对这种以咨询服务为功能导向的中心没有一个明确的定义。一般称之为旅游交通集散中心或城市旅游集散中心。它的出现不是政府规定下完成的,而是具有一定的市场导向性。

2015 年,国家标准化委员会颁布的《城市旅游集散中心等级划分与评定》(GB/T 31381—2015),提出了旅游集散中心的概念为:为游客(主要是散客)提供旅游集散、咨询、换乘,同时具有旅游公共服务功能的组织实体。将旅游集散中心划分为一级、二级、三级 3 个等级,同时明确了相应等级的功能分区、设施设备等要求。

第二节 旅游集散中心的性质

旅游集散中心是多功能为一体的“综合体”。对旅游集散中心的性质有 3 种不同的观点。第一种观点认为,从经济角度来看,旅游集散中心是不能以盈利为目的的机构,应该定位为公共产品,只是为游客提供一个旅游咨询、服务的平台。另一种观点认为旅游集散中心是为旅游企业提供散客交易的平台,应获取利益,政府参与度低，是一种纯营利性企业。第三种观点介于两者之间，认为旅游集散中心既是一种公共服务，同时又具有盈利性。我们认为第三种观点定义旅游集散中心的性质更为合适。例如上海旅游集散中心，刚开始为事业编制，是在政府的支持下进行运营的公共服务，运营后连续3年的亏损难以为继。在这个背景下，上海市提出，由上海资金雄厚的运输业三大企业资金支持，政府政策上的帮助，才实现了正常运营。所以说，旅游集散中心不仅是公共服务设施，同时也是以盈利为目的机构企业。

第三节　旅游集散中心的功能

根据《城市旅游集散中心等级划分与评定》，旅游集散中心为游客（主要是散客）提供旅游集散、咨询、换乘，同时具有旅游公共服务功能。因此，旅游集散中心应当具备游客集散功能、旅游景区和运输服务资源以及与其他商业服务资源融合功能、信息咨询等多重功能。其优势兼具旅游与交通运输服务有机融合。体现旅游集散中心“景点多、出行自由、线路广、价格低、信誉高、信息广、班次频、服务规范”等优点。

一、游客集散功能

旅游集散中心的建立首要目的是解决散客到达景区难的问题，区别于传统旅行社团体出行，使散客出行多样化，特色化，个别化，实现散客“进得来”“出得去”“散的开”，利用旅游集散中心的信息整合能力，通过各种手段将散客进行集中，个性化解决问题，将游客集散到各个景区景点。上海10家游客集散中心，近百条游览线路串起上海和周边城市近500个景点，极大地方便了游客旅游，成为覆盖苏浙沪三省的游客枢纽。

二、资源整合功能

在旅游集散中心，游客可以实现购买景区景点门票、旅游客运车票以及吃、玩、游、乐、购等一系列旅游相关服务，旅游集散中心运营主体，则需要整合旅游、交通、酒店、商场、饭店、娱乐场所等多种资源，从而实现为游客提供“一站式”服务。

三、咨询服务功能

旅游集散中心汇集了旅游景区景点、交通运输服务、酒店、餐饮等多种信息，服务人员可以为散客制定最优旅游安排,信息咨询,景区说解,交通路线,微笑服务等,为游客提供最舒适的全方面咨询服务。

第四节　旅游集散中心的运行机制

不同城市因人口规模,历史,人文,自然环境和社会环境的不同,从城市基础设施角度分析,城市游客集散中心有广场,客运站,体育场等模式。经营模式集中主要有3种,第一种是政府为主导的,第二种是以市场为主导,第三种是市场和政府相结合的形式。根据不同城市规模和当前旅游发展形式,发展符合城市自己的经营模式。旅游业相对成熟,城市经济发达,多以企业自主式发展,更注重市场的调节能力。而相对城市较小,城市发展相对保守,则以政府主导完成,现如今,由于需要资金庞大,基本上都形成政府引导和企业合作共同完成。

第五节　旅游集散中心的运行现状

为应对散客游和自助游需求的爆发式增长,各地利用客运场站资源优势,积极拓展机场、火车站、汽车站、码头等客运枢纽旅游服务功能,加快建设旅游集散中心,提升了游客的出行体验,在一定程度上满足了游客信息咨询、景区展示、文化休闲等综合服务需求。

青岛市以火车站旅游集散中心为中心,以多个汽车站旅游集散中心为节点,以线为链、以景为点,打造便捷旅游交通换乘网络。苏州高铁西站旅游集散中心与公交、出租、轨道交通、长途客运、机场公交车等方式无缝换乘,站内设有旅游服务咨询、旅游商品销售、旅游交通预订等服务,并推出了一日游、周末游、四季游、主题游等旅游产品,满足市民个性化旅游需求。重庆市双凤桥临空旅游集散中心与菜园坝旅游集散中心依托重庆江北国际机场设立游客服务站,整合优势旅游资源,打造“空地联运”模式,服务于过往旅客的旅游咨询、业务洽谈,提供景区直通车等旅游集散服务,助力重庆全域旅游发展。

河南省人民政府出台《关于加快旅游产业转型升级的意见》(豫政〔2014〕44号),文件要求加强旅游公共服务设施建设,构建覆盖全省的旅游公共服务体系。按照政府引导、企业参与、市场化运作的原则,逐步在机场、火车站、汽车站、高速公路服务区、商业集中区等公共场所建设旅游咨询服务中心。省交通运输厅出台《关于深化改革加快推进道路客运转型升级的实施意见》(豫交文〔2017〕290号),支持企业依托现有客运站场加快建设旅游集散中心，拓展旅行社资质及服务功能。支持旅游景区(点)设立旅游集散中心或客运站场，方便旅游客车停放和游客集散。

苏州西站实现了旅游集散中心与公交、出租、轨道交通、长途客运、机场公交车等方式的无缝换乘，站内设有旅游服务咨询、旅游商品销售、旅游交通预订等服务，并推出了一日游、周末游、四季游、主题游等旅游产品，满足市民个性化旅游需求。

黄山市结合京福高铁的开通，依托高铁综合客运枢纽建设了旅游集散中心，以集散中心为节点开通了直达各景区的旅游线路，并提供出租、租赁、慢行交通等多元服务。黄山高铁旅游客运枢纽是黄山北站的旅游交通集散中心，承担着服务游客“最后一公里”的交通功能。高铁黄山北站投入使用后，黄山高铁旅游客运枢纽立足旅游客运专线，并辅以旅游出租、旅游车租赁、旅游专车定制等服务方式，逐步形成了以客运枢纽、黄山风景区集散中心、市内景区景点等点面结合、互联互通的旅游交通网，串联起黄山山上山下，实现整体联动发展，满足不同游客多元化、个性化需求。黄山高铁客运枢纽目前开通 11 条旅游客运专线，途经 19 个 A 级景区，包括黄山风景区、西递、宏村、呈坎等热门景区，基本覆盖市内的主要旅游景区景点。上线“来玩吧黄山”旅游出行平台，将旅游产品、酒店宾馆、景点门票、旅游租车、本地特产挂在网上销售，让旅客通过移动终端一键获取服务；在旅游客运专线公交车上设置免费 WiFi；实行服务首问负责制，及时解答游客咨询。

江苏省政府以构建“畅游江苏”体系为契机，鼓励各地积极与当地旅游部门合作，在汽车客运站建立游客集散中心，完善旅游配套设施。苏州、南通、南京、无锡、徐州、连云港等城市均建立了省级游客集散中心，提供旅游咨询、交通气象、旅游预订、受理旅游投诉等公共服务，以及旅游商品销售等经营服务，开辟游客绿色集散通道。南通市建立多个市、县级旅游集散中心，增加游客接待区、旅游专线发车区、旅游用品和特产专卖区，进一步整合统筹站运游资源，实现了市、县旅游运输服务一体化网络。

吉林宇别尔运输集团从被动服务向主动服务转型升级，自长春至珲春高铁开通以来，赴珲春游客呈现井喷式增长，从珲春口岸出境的游客也随之增长。2015年，该公司旗下宇通国际旅行社与延吉机场密切合作，合理整合资源，利用珲春国际客运站成立了延吉机场珲春客运站航站楼。依托集团客户资源，开通了珲春客运站至延吉机场直通公交车，旅客可在珲春客运站航站楼直接安检、值机，乘坐公司机场直通公交车一站式进入延吉机场登机成为现实，相比传统出行方式去往机场，旅客可至少节省 30min 等待时间，极大地方便了旅客。截至目前，通过珲春客运站航站楼直达机场的旅客已达 26942 人次，往返 3224 个班次。

第六章

配套旅游服务设施发展情况

2017年,交通运输部联合国家旅游局等部门印发了《关于促进交通运输与旅游融合发展的若干意见》(交规划发〔2017〕24号),指出提升高速公路、普通公路服务设施的旅游服务功能,各地积极落实文件精神,多措并举促进公路服务区等与旅游融合发展,取得了一系列成效。此外,多地因地制宜建设旅游风景道,结合沿线景观风貌和旅游资源,打造具有通达、游憩、体验、运动、健身、文化、教育等复合功能的主题线路,并根据需求增设自行车道、步行道等慢行设施。

第一节　高速公路服务区旅游服务功能不断拓展

福建省交通运输部门联合旅游部门,根据高速公路服务区基础设施、周边旅游资源分布等实际情况,按照一地市一样板的原则,在全省选定了10对服务区作为旅游休闲驿站建设试点区。目前,三明贡川服务区、龙岩古田服务区、南平仙店服务区已基本完成旅游休闲驿站及旅游接待中心等内部功能建设,其余各区也在加快推进。

重庆高速公路通车总里程目前已突破3000km,串联起了沿线8个5A级景区,46个4A级景区;出境通道19个,连接起了川黔鄂湘等周边旅游大省。高速公路已成为联系游客与沿线景点景区的重要纽带,通过高速公路到达景区的游客占了90%左右,其中自驾游人数占50%左右。G50重庆高速公路冷水服务区是高速公路与旅游融合发展的创新探索,被中国公路学会授予"中国高速公路第一自驾营地"称号。冷水服务区生态旅游自驾营地集生态旅游、露营、摄影、运动、篝火、烧烤等休闲项目于一体,设有综合接待服务区、景观休闲区、森林度假区、房车露营区和户外运动区等不同功能板块,配套有木屋、房车、钢架幻影球客房、集装箱房、北欧式膜结构帐篷等住宿设施和专业的服务团队,常年提供餐饮住宿、休息小憩、户外运动、会议培训等服务,可满足团队住宿、房车露营、休闲娱

乐等游客的多样化需求。

第二节　普通公路驿站为游客提供便捷出行服务

海南省公路管理局不断加大普通国省干线公路驿站的建设力度,并已初具规模。目前,已建好符合交通运输部标准的公路驿站 35 个,并陆续有驴友 2000 多人次前往休息或夜宿。随着今后的不断建设和改善,公路驿站将成为助力海南自由贸易试验区全域旅游交通出行的靓丽名片。已建成的公路驿站除了少部分是新建或与市县共建外,大多数是利用现有的公路道班(便民服务点)改建提升而成,分布在海南岛内各市县的国省干线上,具有车辆停放、公共卫生间、洗浴、室外休息、帐篷露营区及室内夜宿等功能,部分驿站还建有第三卫生间、无线 WiFi 以及同步完善路网信息咨询服务等配套设施(图 6-1、图 6-2)。部分驿站独具特色,如琼海大路公路驿站有田园风光、儋州东成公路驿站有候臣咖啡、保亭大本公路驿站有黎族苗族民族风情、定安南金公路驿站有热带果园、五指山毛阳驿站有海榆中线废弃桥可怀旧参观。

图 6-1　大本公路驿站图

图 6-2　博鳌公路驿站图

第三节　自行车道为游客提供高品质慢游出行体验

宁波东钱湖自行车道是我国大陆首条生态休闲自行车专用道，于2011年4月15日正式建成。自行车道沿环湖东路从雅戈尔动物园南门一直延伸至十里四香停车场，全长约5.7km，是环湖沿线中临水最近、生态最佳的路段，自行车道宽约2.5～3m，总投资达2500万元。以“绿色生活、时尚二轮、低碳出行，慢游东钱湖”为设计理念，以环湖自行车专用道为载体，通过“骑行”方式整合沿线景区（景点），还串联了“车行”“舟行”“步行”等多项自助旅游活动，让骑行者在享受湖光山色的同时，结合自身喜好开展自助活动，传达了休闲自在的旅游概念（图6-3）。

图6-3　东钱湖自行车道图

广东最美绿道之一江门滨江绿道（图6-4），全长22.5km，宽9m，绿廊宽度控制在100～200m，以生态型和郊野型为主。绿道建设按照生态化、本土化、多样化和人性化的要求，沿西江组织慢行道、亲水空间和绿化通廊，将沿途的自然景观和人文景观有机串联起来，突出体现江门绿道的滨江山水特色。示范段以自行车休闲运动为主题，设计高水平的自行车道和人行道，设置五处驿站和服务中心，为市民提供娱乐健身的场所。滨江绿道沿线植物景观突出“迎宾”气氛，以乔木、灌木、花卉、草坪组成变化丰富的植物群，分为“田园风光”“中心绿岛”“滨江风情公园”三部分，结合小型广场、小品雕塑等形成一条优美的绿色长廊。

图6-4　江门滨江绿道图

第七章

特色旅游公路发展情况

第一节 红色旅游公路快速发展

2017 年交通运输部印发《全国红色旅游公路规划(2017—2020 年)》(以下简称《规划》),确定 126 个红色旅游公路项目,建设总里程约 2442km。其中,中西部地区建设里程占比达 90.8%。《规划》明确,要重点对现状四级以下的红色旅游经典景区景点出口路、直接连接和服务景点景区的三级及以下普通干线公路进行升级改造。共有 20 个普通干线公路项目和 106 个红色旅游专用公路项目纳入《规划》,涉及 28 个省(自治区、直辖市),建设总里程约 2442km。其中,二级公路约 1214km,三级公路约 1228km。从项目区域上来看,东部地区项目 20 个,建设里程约 224km;中部地区项目 50 个,建设里程约 873km;西部地区项目 56 个,建设里程约 1345km。根据《规划》,到"十三五"末,我国将基本实现所有红色旅游经典景区景点至少有一条三级以上公路衔接,50% 以上的红色旅游经典景区景点有二级以上公路(城市道路)衔接,景区与周边城区、交通网络的衔接更加顺畅,能够较好地满足游客出行的全方位需求,为推进红色旅游健康发展提供交通运输保障。

陕西省由于深厚的历史积淀和近代独特的革命地位,形成了独具一格的汉唐帝王陵墓、红色旅游和黄河沿岸集群资源。为了更好地开发这些旅游资源,陕西省先后开展了红色旅游公路网和汉唐帝陵文物旅游线路等专项旅游公路网规划,规划建设了 12 条约 1400km 的红色旅游公路、约 460km 帝陵旅游公路及全长约 900km 的沿黄公路,形成了覆盖完善、标准统一、安全便捷的特色旅游公路网,很好支撑了全省优势旅游资源的开发。

遵义赤水河谷旅游公路(图 7-1)是全国第一条河谷旅游公路,第一条服务完善的快慢综合交通旅游廊道。该段公路起于仁怀市茅台镇,途经习水县土城

镇，止于赤水市区，包含160km用红色沥青铺成的山地自行车道和154km黑色沥青铺成的汽车道，主线分别由G212、S303和G546组成，设计时速40km/h，路基宽度8.5m，全线共设置12个驿站、26个露营地、23个观景台和休憩点。赤水河谷旅游公路以"贵州第一、中国一流、世界知名"为定位，一端连着中国第一酒镇茅台镇，另一端连着世界自然遗产丹霞地貌赤水市，中间串起四渡赤水红色文化、国酒文化、巴国文化、盐运文化、考古文化等，是一条美丽的旅游文化长廊。赤水河谷旅游公路将赤水河谷的旅游资源集聚起来，把景区变成旅游休闲度假胜地，形成"快进慢游"的旅游格局，是贵州省"公路+生态旅游"建设模式的新尝试，是实现公路交通基础设施从单纯满足出行功能向交通、生态、文化传播、旅游、消费等复合功能转变的新途径，也是普通国省干线"畅、安、舒、美"示范路的升级版。

图7-1　遵义赤水河谷旅游公路图

第二节　乡村旅游公路发展现状

2014年以来，连接景区道路建设加快推进，全国新建改建农村公路28.4万km，在35.8万km乡道及以上公路完善旅游标识标牌体系，景区、景点可达性大幅提升，全域旅游基础日益坚实。

溧阳市按照"全国一流、全省示范"的标准，以"自在驾行，畅游溧阳"为主题，围绕乡村旅游发展和"四好农村公路"创建，2017年启动旅游公路建设，借助原有公路路网，对其拓展、提升、改造。截至目前，溧阳已打造了300km旅游公路。"溧阳1号旅游公路"（图7-2）不仅实现了与高铁、高速公路、客运枢纽等"快进"系统与"慢游"系统进行无缝衔接，也将溧阳全域内部各景区、度假区、200余家"农家乐"、采摘园等各类乡村旅游景点串起来，对外还连通周边金坛、宜兴、高淳、溧水、郎溪、广德等县(市)的旅游通道,总体形成了"大环小环、内联外通"的全域旅游公路。

图7-2　溧阳1号旅游公路图

第八章
典型经验做法

第一节　打造快进交通网络

交通运输是旅游出行的基础性、先决性条件，提高旅游目的地的通达性和便捷性，实现游客远距离快速进出目的地，对于旅游目的地至关重要。《关于促进交通运输与旅游融合发展的若干意见》（交规划发〔2017〕24 号）提出，依托高速铁路、城际铁路、民航、高等级公路等构建"快进"交通网络，推进一种及以上"快进"交通方式通达 4A 级景区，两种及以上通达 5A 级景区。在各地出台的"交通 + 旅游"融合发展专项行动计划或"交通 + 旅游"融合发展专项规划中，均突出了打造"快进"交通网络的重要性。

专栏 8-1　乐山市"快进"交通网络规划

乐山市位于四川盆地西南部，旅游资源丰富，是中国唯一一个拥有三处世界遗产的城市，具有"国家历史文化名城""世界知名旅游胜地"等美誉。2016 年市委市政府确立了旅游业在全市经济发展中的主导地位，明确了从国际旅游目的地、中国国际佛教文化旅游目的地、国家级旅游度假区、全省旅游商品集散地 4 个方面着力加快建设四川旅游首选地的重点任务。

为保障旅游目的地的通达性和便捷性，提高旅游区域间的可达性及连通性，乐山市依托铁路、高等级公路和部分城市快速路等构建"快进"交通网络，实现游客远距离快速进出目的地，从而支撑乐山全域旅游体系发展，并通过交通效率的改善增强乐山市旅游吸引力。

铁路方面，根据旅游资源分布特点，打造纵横南北、横贯东西的"三纵三横"铁路网布局，通过成绵乐客运专线、成贵铁路客运专线、成昆铁路新线 3

条铁路形成纵向"快进"交通网络;通过雅乐铁路、连乐铁路、乐自泸铁路3条铁路形成横向"快进"交通网络,实现乐山与贵阳、昆明、雅安、宜宾、自贡等周边城市的铁路直达。

公路方面,规划形成功能明确、层次清晰、便捷连通、体验丰富的旅游公路网络,"快进"公路网络包含两个层次:实现快速集散和旅客引导为主的"高速公路网络",以资源连通和慢游组织为主的"干线旅游公路"。"高速公路骨架网络"布局方案旨在支撑乐山全域旅游体系,实现市域内外游客快速集散与市域内各旅游组团的快速通达;乐山市旅游公路大环线主要承担串联市域内重点景区、度假区,畅通乐山市全域旅游内循环的作用。

通用航空方面,通用航空机场相对商用机场的建设投资门槛较低,在旅游资源丰富地区发展前景更加广阔,乐山市考虑首先推动边远区县通航服务发展,开展空域旅游观光等活动,培育新的经济增长点。重点考虑通用机场布局与乐山市旅游景区的结合,规划布局5个旅游类通用机场。

第二节　形成慢游交通网络

进入全域旅游新时代,旅游需求更加多元化、旅游消费更加大众化,建设集"吃住行游购娱"于一体的"慢游"交通网络,满足日益增长的自驾车游、自行车游、徒步游览等需要,提高游客出行体验,对于促进地方经济发展、助力脱贫攻坚、提高人民群众获得感具有重要作用。

专栏8-2　浙江美丽公路建设实践

2014年以来,浙江省交通运输厅以习近平总书记"绿水青山就是金山银山"的科学论断为指引,围绕省委、省政府建设"两美"浙江决策部署,从公路交通事业转型升级的内在需求出发,在全国率先提出建设美丽公路。按照"修一条路、造一片景、富一方百姓"的要求,深入实施美丽公路"五个一万"工程,以设施美、窗口美、人物美、行风美为载体,着力打造自然生态、畅通舒适、美丽致富的"自然风景线""历史人文线""科创产业线""生态富民线",有效助推全省旅游业和美丽经济发展。主要做法是:

一、建章立制，规划先行

制定下发《浙江省创建美丽公路“五个一万”工程实施意见》和设施美、窗口美、人物美、行风美4个行动方案。将美丽公路创建列入对各市交通运输局(委)年度考核目标之中，加强督查考核。省、市、县三级均成立美丽公路建设领导小组，制定实施意见和工作方案。通过召开全省交通运输工作会议、全省公路工作会议，美丽公路设计、建设、养护等各专项工作会议，在全系统进行广泛动员部署，把因路制宜、崇尚自然、安全可靠、科学合理、节约集约、生态环保24字美丽公路建设理念贯穿于公路规划、设计、建设、养护、管理、运营全过程。各地坚持规划引领，由点及线、由线扩面，把辖区公路网作为一个景区来规划，把一条路作为一个景点来设计，把公路重要节点、岔口作为一个小品来改造，既针对每条路制定具体的创建方案，又结合区域特点制定全域性的美丽公路创建规划，做到美丽公路创建与美丽乡村、美丽县城建设等的有机结合，实现全方位优化提升。

二、政府主导，多方联动

美丽公路创建工作“上接天线，下接地气”，得到了地方党委政府的高度重视，地方党委、政府结合中心工作和本地社会经济发展大局，把美丽公路创建列入重要日程，主要领导牵头召开会议专题研究，制定实施方案，明确创建目标，细化创建任务，落实资金，健全机制，形成了地方党委、政府主要领导亲自抓美丽公路创建的良好氛围。省交通运输厅借势借力，积极推进。把农村公路“四个三千”(提升农村公路等级3000km以上、完成路面维修3000km以上、实施安保工程3000km以上、建设港湾式停靠站3000个以上)，提升6000km美丽乡村公路分别列入省政府2015年、2016年民生实事之中，将部门行为上升为政府行为，行业行为变为社会行为。围绕省委省、政府打好转型升级系列组合拳的要求，着力构建党委政府主导、人大与政协监督、交通部门主力、地方各级联动的工作机制，强势推进公路边“三化”“两路两侧”路域环境综合整治，着力打造“畅通、安全、舒适、优美、生态”的公路通行环境。共拆除公路边违法广告8.7万块、违法违章建筑346万m^2，因地制宜在公路沿线种植苗木2100余万株、草灌4600余万m^2，建成“三化”示范路22条计1400km。在全国率先实现高速公路、国省干线公路沿线200m可视范围内无违法广告。

三、典型示范，全面推进

确定20个美丽公路示范县，100个美丽公路规划、设计、建设及运营示范项目，1000个美丽公路示范窗口，600名美丽人物，通过典型引路，发挥示范作用，以点带面，全面推进创建工作。20个美丽公路示范县共投入创建资金127亿元，完成美丽公路创建线路200余条，实施了24条300余km的国省道改建工程，建设农村联网公路800km。美丽公路“五个一万”工程中，新改建国省道620km，实施普通公路大中修工程1000km，改造危病桥隧300座；提升农村公路等级4020km、完成路面维修5036km、实施安保工程4465km、建成港湾式停靠站4629个；全省ETC车道达到819条，用户142万户，71对高速公路服务区中，80%成为星级文明服务区，在普通公路沿线建设完成33个服务站(点)，整体工作呈现出蓬勃发展的良好态势。

四、创新模式，助推发展

结合各地特色实际，积极创新“美丽公路+”创建模式，着力打造美丽公路+历史人文、美丽公路+乡村旅游、美丽公路+民宿经济、美丽公路+体育文化等多种发展形态，真正构建美丽经济交通走廊，有效助推美丽经济发展。随着美丽公路建设的推进，全省公路沿线景观全面改善，进一步带动了城乡形象的品位提升，公路沿线各地特色小镇、电子商务、快递物流、乡村旅游、现代金融、总部经济等产业实现长足发展，带来了美丽经济的飞速增长。在西施故里诸暨，美丽公路建设和古越文化相结合，建设成西施之眼、西施之裳、西施之恋、西施之泪东南西北4条美丽公路景观带，通过美丽公路+山水资源、美丽公路+人文景观、美丽公路+乡村民宿等打造出了美丽致富的“江南风情走廊”。淳安县通过环千岛湖国际公路自行车赛、千岛湖龙川湾山地自行车挑战赛等体育赛事吸引了无数的游客。千岛湖环湖绿道和体育文化相结合，串联起5个风情小镇、20个美丽乡村、450个农家乐，有效带动了三产融合发展，形成了特色富民的绿道产业带。

实践证明，美丽公路建设不仅是创造发展优势、增强竞争实力的环境工程，还是完善公路功能、塑造行业形象的管理工程，更是改善人居环境、提高生活质量的惠民工程。

专栏 8-3　广东滨海旅游公路带动滨海旅游转型升级

为落实《广东省沿海经济带综合发展规划(2017—2030 年)》,推动发展"交通 + 旅游"新业态,探索绿色交通发展新模式,广东省制定了《滨海旅游公路规划》。广东沿海地区拥有全国最长的海岸线,滨海旅游资源极具特色、禀赋优良、潜力巨大。广东滨海旅游公路主线全长 1570km,其中旅游观光段 703km、城市海滨段 430km、美丽乡村段 243km、生态过渡段 194km;支线 305km,全部为旅游观光段。

广东滨海旅游公路顺应滨海地区自然肌理,充分利用水系、防护林、海堤等开放空间边缘和现有道路系统,坚持快速通道与慢行系统有机结合,总体由车行系统、慢行系统、滨海风貌带、配套服务设施等 4 部分组成。车行系统服务车辆正常的通过性交通,技术标准以需求为导向,结合建设条件因地制宜确定,原则上采用高等级普通公路标准(主线与支线的技术要求总体一致);慢行系统主要服务休闲性骑行、徒步、观光等,与车行道并线或分离设置;滨海风貌带是公路两侧自然生态、人文风貌的展示区域,也是休闲活动和旅游服务设施相对集中的区域;配套服务设施包括为车辆服务的公路配套服务设施和为旅客服务的旅游配套服务设施。

广东滨海旅游公路纵向分城市海滨段、旅游观光段、美丽乡村段、景观过渡段 4 类路段进行特色设计。城市海滨段经过城镇化区域,展示沿海城市风貌,主要服务城市集散交通,兼顾游客慢行休闲需求;旅游观光段经过旅游景区和生态视域良好区域,强化滨海旅游休闲功能,注重行车舒适性,服务游客慢行旅游观光需求等;美丽乡村段串联特色小镇、特色乡村等节点,突出乡镇特色文化,注重交通的通达性,服务游客体验观光需求等;景观过渡段经过旅游资源一般性区域,侧重交通的快速通过性。

滨海旅游公路串接广东沿海 14 个地市,辐射沿线规划的 20 多个滨海新区,连通 90 个旅游景区,与沈海高速公路一起形成提供差异化服务、功能互补的沿海复合型公路走廊,对全面提升广东省滨海地区的交通运输服务水平、提振沿海经济带发展、推动"海洋—海岛—海岸"旅游立体开发、促进滨海旅游转型升级、补齐广东省沿海经济带和旅游休闲带发展"短板"具有重要支撑作用。

第三节　做好不同方式的衔接

通过加强旅游交通网络节点建设，打造集铁路、公路、航空等交通方式于一体的综合交通枢纽，在枢纽规划设计阶段注重不同交通方式的衔接，实现各种对外交通方式及对外交通与城市交通间的无缝衔接，提高旅客出行的便捷性、舒适性。此外，在枢纽站、火车站、汽车站等游客集散地做好旅游客运与其他交通方式的衔接，为乘客提供一站式、高品质的旅游客运服务。可充分发挥各种运输方式的比较优势、提高综合运输组合效率，改善旅客出行体验，对于推进交通运输供给侧结构性改革，促进现代综合交通运输体系发展，建设人民满意交通具有重要意义。

专栏 8-4　成都双流机场综合客运枢纽

航空、高铁、长途客运、城市地铁、公共汽车一体化换乘。成都双流机场综合客运枢纽(图 8-1)位于中国成都市双流区中心城区西南方向，距离成都市区 16km，由双流国际机场、双流机场高铁站、成都地铁 10 号线、长途汽车、公共汽车等交通方式组成，枢纽内机场航站楼、高铁站及地铁车站由航站楼地下二层主通道连接，高铁站与地铁站、航站楼通道距离均不超过 100m，乘客不用出站即可在同一建筑内实现机场、高铁、城市地铁等的无缝换乘，地铁站与高铁站在航站楼地面停车场处同时设置了地面出入口，方便航站楼外乘客进出。一体化规划设计的综合客运枢纽实现了对外交通方式与市内交通方式在站内的无缝衔接，为旅客提供了人性化的联运出行服务与良好的出行体验。

图 8-1　成都双流机场综合客运枢纽

机场高铁串联周边旅游城市，有效发挥客流集散功能。双流机场高铁站位于双流国际机场T2航站楼地下，是与成都双流机场配套的高铁站，北距成都南站11km，南距乐山站110km，距峨眉山站132km。旅客可乘高铁直达成都、眉山、乐山、德阳、绵阳等地。是成绵乐城际铁路中唯一一个与机场构成立体交通网络的站点，于2014年12月20日开通运营，是国内建成的第二大地下铁路车站。地下一层主要分布有候车大厅、售票厅和通往机场航站楼的主通道。距离车站45m就是地铁10号线车站，距离70m的地方就是双流机场T2航站楼，在车站候车厅旁边有一条主通道，直接连接地铁车站和航站楼，旅客从动车上下车后，不用出车站，可以直接从车站步行前往乘坐地铁或是乘坐飞机。同时，地面有两个人行通道可以进入该车站，还有5个汽车通道进入车站内部。同时，车站负一层站房两端设置有停车场，总共有560个停车位，市民可以开车进入地下停放，然后去乘坐动车。

第四节　“四好农村路”的建设与乡村旅游结合

推进“四好农村路”建设是“十三五”全国农村工作的核心任务，推动“四好农村路”建设与乡村旅游结合是促进乡村旅游发展、实现乡村振兴的有效途径。近年来，各地积极探索“农村公路＋乡村旅游”发展模式，使乡村旅游成为城乡统筹的重要路径、脱贫攻坚的有力抓手，形成了良好的实践经验。

专栏8-5　江西省“以奖代补”支持农村旅游公路建设

江西省交通厅会同省发改委、省旅发委共同编制完成了《江西省旅游公路建设规划(2015—2020年)》(以下简称《规划》)，并于2015年8月经江西省人民政府同意后印发执行。《规划》将全省属于农村公路范畴的环武功山旅游公路等28个共398km的旅游公路建设项目列入了其中。为切实保障《规划》中项目顺利实施，省交通运输厅还大幅度提高了省级补助标准，将新改建二级、三级、四级公路省级补助标准由原来的80万元/km、50万元/km、20万元/km提高到150万元/km、90万元/km、50万元/km；此外，为促进地方政府加快规划项目的实施，江西省采取“以奖代补”的政策，对各规划项目若在规划所明确的时间内按时按质完成,在省级补助的基础上还将给予项目一定的省级奖励资金,其中新(改)建为二级及以上公路项目按30万元/km给予奖励,新(改)建为三级公路项目按20万元/km给予奖励,新(改)建为四级公路项目按10万元/km给予奖励。

专栏8-6　平昌县推进农村公路进景区助力脱贫攻坚

平昌县位于四川省东北部,是国家扶贫开发工作重点县、秦巴山区连片特困地区县。平昌县作为全国首批"四好农村路"示范县、全国休闲农业与乡村旅游示范县,把农村公路建设与乡村旅游发展相结合,推进农村公路进景区,打造乡村旅游公路560km,串联起绿色县城、风情小镇、精品旅游村、田园风光,做到了"道路延伸到哪里、景观大道就靓丽到哪里、乡村旅游就繁荣到哪里"。先后对县至各乡镇主干线老沥青路进行了提升改造,沿途完善了观景台、旅游标识、旅游厕所、自驾车停车场,并按需设置自行车道、步道和旅游驿站等慢行设施,打造了一批具有通达、游憩、运动、文化等复合功能的自然风景线、红色文化线、历史人文线。通过交通运输与旅游融合发展,大力推动乡村旅游和旅游扶贫,乡村旅游成为城乡统筹的重要路径、脱贫攻坚的有力抓手。

平昌县乡村旅游的发展靓了乡村、活了经济、富了百姓。2017年全县接待游客482.25万人次,实现旅游综合收入41.06亿元。依托交通建设发展的乡村旅游助力乡村振兴、脱贫攻坚,2016年、2017年,该县82个贫困村提前"摘帽"、8000余户共3.6万余人提前脱贫。

第三篇

运输服务与旅游融合

第九章
服务能力和网络

第一节 铁 路

2018年,国家铁路旅客发送量完成33.17亿人次,比上年增加2.79亿人次,增长9.2%;国家铁路旅客周转量完成14063.99亿人km,比上年增加667.03亿人km,增长5.0%。全国铁路客车拥有量为7.2万辆。其中,动车组3256标准组、26048辆。

辽宁省18座优秀旅游城市中,高速铁路覆盖率达到100%。截至2019年底,辽宁省国家铁路总里程达到6132km,其中高速铁路2037km,高速、快速铁路地级和县级行政区覆盖率达到86%、62%。河北省10座优秀旅游城市已经实现全部高铁覆盖,至2020年,河北省高速铁路将覆盖全省各设区市,实现"市市通高铁、县县通高速、市市有机场"。

中国铁路南宁局集团公司针对旅游市场需求进行调研,对现有旅游专列开行方式进行创新改造,在稳住乌鲁木齐、海拉尔、北京等方向长途旅游市场的同时,大力开发管辖范围内旅游市场,研究探索部分管辖范围内旅游专列周期性开行的可能性,全力促进客运增运增收。2018年3月至5月,累计开行旅游专列15趟,发送旅客近7000人次,实现运输收入351.2万元。中国铁路南宁局集团公司在已经合作设立横县、乐业、陆川等11个高铁无轨站的基础上,继续推动高铁无轨站发展,动态优化无轨站相关车次售票策略调整,更好发挥无轨站引流上线作用,通过无轨站将不通高铁地区的群众纳入"高铁朋友圈",进一步提高无轨站的社会效益和经济效益。

"京和号"旅游专列2015年首次开行以来,打开了新疆和田地区全域旅游的先河,为推动新疆、特别是和田与京津冀之间人民群众的相互交流与沟通架起了一座友谊之桥。截至2019年6月,已有近万名旅客乘坐"京和号"畅游新疆,不仅实现了畅游大美新疆的愿望,还成为增进民族团结、助力"一带一路"建设、传播"丝路精神”的文化使者和援疆最新成果的见证者、参与者。为了更好地适应中老年旅客日益小众化、个性化的休闲度假需求，中国铁路北京局集团公司 2018 年将继续开行“京和号”旅游专列 3 趟。以酒店升级、赠送门票、城际接送、新增景点、深度文化体验等“七大亮点”回馈旅客。专列承办方中国铁道旅行社特别安排了城际接送或火车票报销等增值服务，促进京津冀区域人民群众与新疆、特别是和田地区人民群众之间的了解，增进民族感情、增强民族团结。

桂林与珠三角地区直线距离为 400km 左右。在高铁开通之前，珠三角地区到桂林的火车要从京广线绕道湖南，运行时间长达 10 多个小时。2014 年底，随着贵广高铁开通运营，这一尴尬的局面终于被打破，从广州、佛山、深圳、中山、珠海等城市乘动车出发，2 ~4h 就可到达桂林，旅途时间大幅减少。为发挥好高铁方便快捷的运输优势，提高桂林对珠三角游客的吸引力，桂林站抓住每次列车运行图调整的有利时机，主动与中国铁路南宁局集团有限公司主管部门沟通协调，加密广深方向动车开行，为珠三角旅客出行提供运力保障。为引流上线，桂林站与桂林市各大旅行社进行合作，研究推出针对珠三角地区游客的“周末游”“体验游”等旅游产品，满足不同需求。他们积极与地方旅游部门联系，在壮族“三月三”“五一小长假”等节假日推出“重点景区凭动车票打折”等活动，增强旅客出行意愿。为解决客运服务“最后一公里”的问题，该站在桂林、桂林北站设置专用换乘通道，旅客不用出站便可以在站内自由换乘；在进站口设置旅游团队专用通道，进一步方便团队旅客进站上车。他们还加强与地方政府的沟通协调，在桂林、桂林北、桂林西站的站前广场设置旅游咨询中心，增加公交车线路及班次，并在恭城、阳朔开行高铁站到景区的旅游直通车，做到公铁无缝衔接，让旅客畅游无忧。贵广高铁开通以来，桂林到广东的始发动车上座率为 78%，其中周末和节假日上座率高达 95%。3 年多来，经贵广高铁从桂林前往广东的旅客累计达 1963.6 万人次，年均增长 10%左右。

第二节 公 路

截至 2018 年底，全国旅游客运和包车客运经营业户数达到 2165 户和 3220 万户，同比分别增长了 9.2% 和 6.7%，全国共有旅游包车客运车辆 15.7 万辆，其中，中高级车辆比例达到 70%，经营者运力规模逐步扩大，车辆舒适性不断提升，为搭建高品质的旅游运输网络提供了有力的保障。全国基本实现 4A 级以上景区旅游客运线路全覆盖，市内重点景区公交全覆盖。

第三节 民　　航

2018 年我国机场全年旅客吞吐量超过 12 亿人次,较上年增长 10.2%。分航线看,国内航线完成 113842.7 万人次,较上年增长 9.9%;国际航线完成 12626.1 万人次,较上年增长 13.0%。

各机场中,年旅客吞吐量 1000 万人次以上的机场达到 37 个,较上年净增 5 个(宁波栎社、石家庄正定、珠海金湾、温州龙湾、合肥新桥机场),完成旅客吞吐量占全部境内机场旅客吞吐量的 83.6%,较上年提高 2.6 个百分点。首都机场旅客吞吐量突破 1 亿人次,北京、上海和广州三大城市机场旅客吞吐量占全部境内机场旅客吞吐量的 23.3%。

国内各地区旅客吞吐量的分布情况是:华北地区占 14.9%,东北地区占6.2%,华东地区占 29.5%,中南地区占 24.1%,西南地区占 16.2%,西北地区占 6.4%,新疆地区占 2.7%。

第十章
服务产品

第一节 “一站式”旅游运输产品

各地道路客运企业大力推动“站运游”一体化，根据游客需求，借助线上服务平台，提供运输和旅游“一站式”综合服务和定制化个性服务，“一日游”“门票+车票”“车票+门票+酒店”“车票+酒店”等旅游客运产品不断涌现，为旅客出行提供了个性化、多元化的便捷出行服务。江苏鼓励客运企业根据游客需求，延伸出行产业链，加快推出“吃住行游购娱”等“一站式”综合服务。浙江推出了班车客票、船票+景点门票(含住宿)服务项目，为旅客自助出游提供新的、更便捷的出行服务。海南推广“车票+酒店、景点”等旅游服务项目，并利用全省联网售票平台，提供相应的“一站式”票务服务。辽宁虎跃集团开通“巴士游”自由行旅游产品，为游客提供网上下单，系统自动为游客匹配始发地至目的地的客运车票+景区门票+短途小交通等相关资源，为游客提供到达、游览、返程全链条服务。

第二节 通达景区旅游运输服务产品

一、旅客联运产品蓬勃发展

铁路、公路、民航等运输企业积极推出“空铁通”“空巴通”“高铁无轨站”等旅客联运产品。中国东方航空公司和上海铁路局参考汉莎航空联运经验，共同推出了国内首个空铁联运产品“空铁通”，通过将铁路车次以虚拟航班的形式纳入航空售票系统中，实现了在民航售票系统中购买铁路车次的“一站式售票”。东方航空、河北航空、春秋航空等航空公司也推出了空铁联运产品。中国国际航空公司在北京、上海、成都、广州等地推出了“空地联运”产品，将长途汽车客运以虚拟航班形式输入机票订座系统，该系统可以自动计算出航班与客车的综合票价，购买这种机票的旅客，下飞机后凭身份证或者行程单，直接到车站上车。

二、城乡一体化旅游运输兴起

各地将城乡道路客运一体化与乡村旅游融合，利用民族村寨、古村古镇等具有历史文化特点的旅游小镇开发乡村旅游客运服务产品，将农村客运线路开到景区、村寨，一方面方便了游客旅游，加一方面有力地带动了当地旅游经济发展，帮助当地农民增收、脱贫致富。云南以中国重要农业文化遗产为依托，建设以体验农耕文化为主的山水民族风情休闲农区，如红河哈尼梯田稻作系统和哈尼族长街宴。江西婺源利用其境内古村落、古建筑、梯田田园、民俗文化等旅游资源极其丰富的优势，规划建设7个旅游集散换乘中心，整合城乡客运市场，开通直达村落、景区的客运线路，有力支撑全域旅游发展。

三、出入境旅游产品持续增长

随着我国出入境旅游市场的持续增长和我国与周边国家国际道路运输双边、多边协定的签定，我国边境一些省份道路客运企业凭借着地理和客源优势，积极打造出入境旅游客运产品。黑龙江省开发了入境购物游、观光游和疗养游等中短线旅游产品，与俄罗斯远东及欧美等地区的旅行社建立新的合作关系，开发高档次的中长线旅游产品；利用和韩国地缘和历史文化渊源优势，对韩国开发了探亲游、观光游、商务游等旅游产品。

第三节　互联网定制化旅游服务产品

一、互联网旅游运输服务平台蓬勃发展

在各地交通运输管理部门引导和企业的创新探索下，全国涌现出诸如“桂林出行网”“苏州好行”“跃游旅行网”“交运行”等多个有影响力的旅游运输线上平台，通过运输服务产品创新，为游客提供定制化、多样化、个性化的旅游运输服务，受到了广大旅客的好评。桂林出行网将交通运输网络及配套设施作为平台核心优势，通过整合桂林全域旅游资源，打造桂林智慧出行网络电商平台，自平台上线以来，已为旅客提供了百万余人次的服务。云南推出“一部手机游云南”的智慧化运游

融合平台,并将平台与道路运输安全监管和包车客运系统对接,初步实现了交通和旅游数据互换共享,在提供旅游出行服务的同时,进一步保障了旅游运输安全。苏汽集团面向规模不断扩大的散客游群体,打造"苏州好行"交通旅游网络平台,为游客提供了交通、票务等一站式解决方案,游客可通过平台享受观光旅行客车直达市内景点、交通枢纽站、酒店聚集区和繁华商业街等旅游运输服务,极大改善了游客的出行体验。

二、汽车"专列"等旅游运输产品方兴未艾

全国旅游集散中心联盟推出了苏州至沈阳汽车旅游"专列"产品,采用豪华舒适旅游客车,沿途城市均可停车。客户定位为中老年群体,全程有专业领队陪同及地接导游讲解,为中老年人提供贴心细致的"管家式服务,受到了广大游客的广泛欢迎;未来,还将推出张家界酉阳汽车旅游"专列"、少林武当汽车旅游"专列"、庐山徽州汽车旅游"专列"等。

第四节　旅游运输新业态亮点纷呈

一、汽车营地等旅游运输产品快速发展

目前,我国汽车营地主要分布在北京、长三角、珠三角经济圈及海南等地,营地数量最多的前五大城市分别为北京、广东、海南、江苏、山东。其中,广东汽车营地旅游正实现从单个点到综合体的升级,粤港澳大湾区城市群的 9 个城市已建成 15 家汽车营地,类型多样,包括海滨型、旅游地产配套型、研学型等,带动了当地自驾游产业发展及旅游消费升级。

二、自行车道提升游客"慢游"出行体验

厦门"空中"自行车道全长 7.6km,采用桥梁高架形式,沿已有的快速公交桥两侧布置,沿途串联起厦门多个主要商业中心和厦门市行政服务中心,并与沿线的 BRT 站点、地铁站、公交站设置接驳,丰富了游客市内出行方式与出行体验。宁波东钱湖自行车道全长约 5.7km,以环湖自行车专用道为载体,通过"骑行"方式整合沿线景区景点,串联了"车行""舟行""步行"等多项自助旅游活动,让骑行者在享受湖光山色的同时,结合自身喜好开展自助活动,受到骑行者的一致好评。

三、特色交通文化旅游产品承载游览、体验、研学功能

青岛交运集团推出道路交通博物馆等创新型旅游交通文化产品，通过深入挖掘中国道路交通文化内涵，普及交通文化知识，打造全国首个以道路交通为主题的3A级旅游景区。四川省乐山市利用目前全世界唯一还在正常运行的客运窄轨蒸汽小火车“嘉阳小火车”，打造遗产铁路旅游运输产品，吸引了众多中外游客前来观光、摄影。

第十一章

典型经验做法

第一节　构建旅游客运网络体系

完善的客运网络体系，是群众出行更加便捷、选择更加多样的重要前提和保障，运输企业在构建旅游客运网络积极探索，结合自身交通运输网络优势，打造各具特色的旅游客运网络体系，为广大游客的便捷出行提供了基础保障和支撑。

专栏 11-1　辽宁虎跃：利用网络优势，构建“互联网 + 旅游”服务体系

一、基本情况

面对客运市场的经营压力，虎跃公司加大力度向旅游行业转型，目前虎跃的旅游相关业务包括电子票、巴士游、参团游、户外游，涵盖了传统旅游业务和新兴旅游业务，其中虎跃自主开发的“跃游旅行网”微信公众平台为旅游业务的线上销售开拓了新的渠道，经过半年多的调整和完善，已经发展成为自由行、套餐、参团、定制游 5 个板块相互辅助、相互支撑的业务模式。

二、做法经验

巴士游方面。注重客户意见，根据消费者回访调查意见，更改产品“班线游”的名称为“巴士游”，使消费者对产品的接受和理解度进一步提升。根据产品特性结合市场需求，在上市初期自由行和参团产品的基础上，增加“套餐”产品，以更便捷、更省心的消费体验，消除老年群体操作不便利的忧虑，以更优质的消费体验促进产品销售。根据市场反馈情况，公司计划在未来短期内增加包含餐宿要素的巴士游产品，进一步完善产品线，提升产品受众。

参团游方面。保证业务正常开展的同时，强化同业的合作，充分利用并

突出公司特有的车辆资源优势和高品质服务形象,促进同业用车的增长,提升车辆利用率。与景区开展深度合作,以“辽中花溪地温泉”景区为例,因景区隶属于省会沈阳市,同时距离市中心相对较远,经过公司与景区深度洽谈,达成了利用公司车辆资源以天天发车的直通车形式为景区输送客源,景区在客量不足时以“空座返利”的方式弥补运营损失,达到互相合作、共同发展盈利的目的。努力实现一条线路串联多个景区的新型直通车业务,并在省内条件合适的地区推广。

户外游方面。虎跃的户外游业务是基于公司传统的参团游业务,增加提供虎跃高品质的领队服务,利用与参团游差异化的景区而衍生的,同时本质上又区别于传统野线户外业务的新型旅游业务。针对目前周边游市场的激烈竞争导致的利润下降,公司于 2017 年推出了户外长线游业务,长线游业务以公司覆盖省内的运营网络为基础,全省报名、沈阳始发,未来随着业务的逐步成熟会实现 14 个城市独立成团始发。

专栏 11-2　青岛交运:依托场站资源构建旅游集散体系,全面融合发展

一、基本情况

近年来,国有大型交通产业集团——青岛交运集团在班线客运等受多种竞争方式影响以及安全监管日趋严格,经营业务处于持续萎缩态势的情况下,集团将旅游业务上升为战略主业。目前初步形成集旅游交通(观光旅游车、旅游接驳专线、旅游直通车)、旅游组团、景区运营(交通博物馆)、旅游商品(交运海、1910 交运啤酒、旅游护照)、业务代理(组客、门票、机票、火车票等代理业务)、车场运营等业务于一体的旅游全产业链条。

二、做法经验

以线为链、以景为点,构筑前海旅游集散体系。充分发挥车辆资源优势,优化旅游线路,使观光旅游车、旅游接驳专线覆盖了西至青西新区、东至崂山的滨海旅游各主要景点。同时观光旅游车、旅游接驳专线、旅游直通车、一日游线路等旅游交通方式同步布局,为游客提供多重选择。

一个中心,多维布局,打造便捷旅游交通换乘网络。依托青岛全域旅游

集散中心区位优势，为解决旅游“最后一公里”问题，形成以火车站、汽车站旅游集散中心为主中心，以西海岸汽车总站旅游集散中心、汽车东站旅游集散中心、天泰体育场旅游集散中心为分中心、其余集散中心为集散点的经营布局定位。在完善城区旅游交通内循环的同时，充分考虑青岛市交通现状，以集散中心为节点，形成向东、西、北辐射发散的便捷旅游交通换乘网络，实现与城市内外围交通的有效衔接。

确立“5321”旅游集散发展架构，为“公路旅游港”建设奠定基础。此架构的提出，基本覆盖了前海一线以及青西新区、青岛北部区域的主要景区景点。是在打造前海旅游集散体系的基础上，充分依托交运集团资源和场站全域布局优势，形成内部合力，示范和引领全域旅游发展，并为后续“公路旅游港”建设奠定基础。

第二节　拓展枢纽场站旅游服务功能

便捷出行网络构建的关键是实现不同运输方式的有效衔接，而实现不同运输方式有效衔接的关键是要加强节点建设，各地积极探索实践，根据各自实际情况，通过加强综合运输枢纽、“无轨”高铁站、城市候机楼等重要节点建设，实现了不同运输方式的无缝衔接，大大提高了旅游出行效率。

为更好满足旅游客运的“井喷式”增长需求，各地通过在客运站增加旅游集散、旅游咨询功能等旅游服务功能；改造升级传统枢纽内标志标识；旅游集散中心与客运枢纽一体化建设；加强新建枢纽节点的旅游服务功能配备等多种举措，强化了传统运输枢纽节点的旅游服务功能，为大众旅游提供了便捷。

专栏 11-3　广西推进高铁无轨站建设，提高游客出行效率

广西壮族自治区与铁路部门积极对接，通过建设高铁无轨站运营网络，编织顺畅的旅游交通网，提高游客的出行效率，推动道路客运的转型升级。目前广西在百色、玉林、柳州等市建立了 13 个融合联程运输、旅游服务、电商物流等多种功能高铁无轨站，通过开通直达道路客运班车与就近的高铁车站无缝衔接，使旅客在家门口就能享受到“购票、候车、直达快运”的一条龙服务，将不通铁路的地区拉入“高铁生活圈”，也带动了当地旅游业的发展。

2016 年 12 月，百色市凌云县建设了广西首个高铁无轨站，2017 年，凌云县共接待游客 213.39 万人次，实现旅游综合消费 20.92 亿元，同比分别增长 51%和 84%。玉林市的北流、容县、陆川、博白 4 县(市)高铁无轨站自 2017 年 6 月建成以来，高铁无轨站专线客车累计发送旅客超过 60 万人次，极大地方便了当地群众的出行。

专栏 11-4　贵阳依托汽车客运站，建设旅游集散中心

贵阳旅游集散中心位于延安西路原贵阳客车站，由贵州旅游投资控股(集团)有限公司与贵阳汽车客运有限公司共同出资组建，为旅客提供住宿、餐饮、购物、娱乐等一站式服务。

贵阳旅游集散中心是集旅游信息查询服务、旅游景点订票服务，提供散客自助旅游、团队旅游、旅游集散换乘、景点大型活动、客房预订、票务预订、金融服务、机场快线服务等“吃住行游购娱”为一体的旅游集散中心(图 11-1)。

图 11-1　贵阳旅游集散中心

以贵阳市旅游信息服务平台、“非遗贵州”的旅游发展平台以及线下服务点为载体，为游客提供全方位的车辆、酒店、景区门票、餐饮及旅游线路预订等公共服务。

配套有景区旅游客车停车场和游客车辆充电或更换动力蓄电池，开通贵阳市至贵州省内其他城市班车，开通黄果树景区的专线长途旅游客车等。其中，对旅游中型客车采用定制方式，可以根据游客数量的大小确定不同旅游车型的调度，进一步降低散客交通成本。

提供航班、高铁、酒店预订等服务，为游客的不同需求提供各类定制旅游服务。除了开往景区的直通车，集散中心将根据不同季节、不同需求，开通特定旅游定制服务直通车，比如贵安的樱花节、贵定音寨的油菜花节等。

专栏 11-5　成都拓展场站功能，建设旅游集散中心

成都旅游集散中心位于成都东客站（图 11-2），是目前国内一流的客运综合交通枢纽之一，也是西部规模最大的交通枢纽。以“客运 + 旅游”的模式开通了 13 条班车自助游线路及 41 条旅游线路，并开启了“线上一键、线下一站”的新模式，为游客提供多样化服务。

图 11-2　成都东站

以旅游集散中心为平台，打造集旅游信息咨询服务、自驾租赁服务、酒店预订、火车票飞机票代售服务、网络宽带服务、旅游产品展示以及休闲娱乐服务等一体的集散服务中心。

打造成都景区直通车系统，区别于传统一日游、多日游，以菜单式碎片化的服务，自主式透明化的价格面向游客，游客可根据自己的时间和喜好，任意选择前往景区游览的顺序和在各个景区游览的时间，充分满足游客个性化需求。

利用“互联网 + ”打通全域成都，开启“线上一键、线下一站”的新模式，实现车站与成都市各大景区无缝对接，极大地方便各地游客的出行规划需求和实时定制需求。

第三节　加大资源共享

为积极探索道路客运企业转型升级之路和迎接全域旅游、大众旅游的发展需求,各地道路运输企业、旅行社等,以市场需求为导向,通过组建联盟等方式,加大资源共享,实现优势互补,形成了道路运输业间、道路运输与旅游相关企业间的良性互动格局,同时也为旅客提供了更优良、更便捷的出行服务。

专栏 11-6　全国旅游集散中心联盟

全国旅游集散中心联盟于 2017 年 12 月在北京成立,联盟由中国道路运输协会道路运输站场工作委员会牵头组建,34 家道路运输行业骨干企业始创、380 余家企业加盟,旨在努力为道路客运行业打造发展新引擎、培育发展新动能、形成发展新优势发挥重要作用。联盟成员间共同开发游客市场、共享游客资源,共同与酒店、景区、旅游交通等旅游行业建立合作关系,共享优惠房价、票价等政策。并不定期开展旅游集散中心联盟会议,商讨旅游形势、沟通先进经验,互相帮助,共同发展,重点围绕网络平台、旅游酒店、旅游文创、景区经营四大板块深耕运游融合发展,为游客提供覆盖全域的一站式旅游解决方案。

第四节　创新旅游运输产品

近年来,随着人民群众休闲度假需求快速增长,对个性化、特色化旅游产品和服务的要求越来越高,旅游需求的品质化和中高端化趋势日益明显,为满足旅游的多样化出行需要,运输企业结合当地旅游资源特色,积极探索创新旅游运输产品,涌现出一批特色的旅游运输产品。

专栏 11-7　"一站式"旅游运输产品

江苏省以"运"促游,提供运输旅游"一站式"综合服务和定制化个性服务产品。开展城市候机楼(车票 + 机票)、机场接送、高铁换乘(汽车票 + 火车票),开展"车票 + 景点门票""车票 + 住宿""车票 + 门票 + 住宿""车票 +

1 至 3 日游"等运游结合互促互惠业务。苏州相继开通的扬州精品旅游线、上海迪士尼乐园直通车、九华山祈福精品游等均以"车票 + 景点门票 + 住宿"为服务模式，对旅游专线提供导游讲解、景点资讯、"门到门"运输等运游"一站式"综合服务。

专栏 11-8　旅客联运产品

东方航空公司空铁联运。2012 年 4 月，上海铁路局与中国东方航空集团公司签署战略合作协议。作为战略协议的主要合作项目之一，双方共同约定推出"空铁通"联运产品，以发挥各自优势，为广大旅客提供更加便捷的旅行服务。东航多式联运主要采用虚拟航班模式进行销售。所谓虚拟航班是指为方便销售及旅客服务将铁路或公路的班次以虚拟航班号的形式录入民航销售系统，东航不实际承运，这种模式解决了旅客机票、车票一站式购买，购买更方便。

南方航空空地联运。南方航空公司在珠三角地区、东北地区、贵州地区等 20 个城市，分别以当地枢纽机场为中心，依靠机场城市候机楼，利用机场旅行车运送周边非通航点旅客，旅客在订购航班时，首先输入出发和目的城市，如果没有直达航班，系统将自动提示空地联运产品方案，即从出发城市候机楼乘坐空港快线前往出发机场，再衔接南航航班抵达目的地城市。旅客乘坐空港快线时，在候车区向工作人员出示有效证件，工作人员根据证件信息从南航空地联运管理平台中提取旅客购买产品的记录，核对信息后旅客可乘坐相应车次。旅客可按上述组合方案进行打包订座和购买，车票价格及其相关信息将整合在机票中。

旅客购买产品后，由南航官方指定的区域代理商负责相关的售后服务跟进，与"空铁通"相同，旅客购买"空铁通"产品时航空保险已从航空段延伸至地面旅行车段，旅客在地面运输过程中发生的人身意外按航空标准保障。

专栏 11-9　城乡一体化旅游运输产品

云南以中国重要农业文化遗产为依托，建设以体验农耕文化为主的山水民族风情休闲农区，如红河哈尼梯田稻作系统和哈尼族长街宴（图 11-3）。

江西婺源具有优美的生态环境（图 11-4），深厚的文化底蕴，丰富的旅游资源，确立了建设“中国最美乡村”的发展定位，坚持走文化与生态相结合的乡村旅游之路，与周边旅游区形成旅游产品的良性互补，联合而成“名山、名水、名镇、名村”的旅游发展新格局。

图 11-3　哈尼族长街宴

图 11-4　江西婺源优美的生态环境

专栏 11-10　特色交通文化旅游产品

青岛交运道路交通博物馆（图 11-5），青岛交运创新推出旅游交通文化产品，建设开放我国首个以道路交通为主题的专业性博物馆，并被评为首个全国道路交通行业 3A 级旅游景区，通过深层挖掘中国道路交通文化内涵，打造文化旅游精品博物馆，推进交通文化普及建设；集团结合青岛海洋旅游文化特色，精心打造“交运海”文化手工艺品品牌，获青岛旅游文化商品创新大奖，为推动青岛市的旅游商品的产业发展做出贡献。

图 11-5　青岛交运集团的道路交通博物馆

嘉阳小火车位于犍为县城北15km处,这是一条已经有着数十年珍贵历史、轨距仅762mm的窄轨铁路上的"老爷火车"。也是目前全世界唯一还在正常运行的客运窄轨蒸汽小火车,素有"工业革命的活化石","工业革命的绝版景观","比大熊猫还要珍贵的国宝"之美誉。至今仍在运行的窄轨蒸汽小火车全国罕有,作为"工业革命的活化石",以其独特的魅力,每年吸引人数众多的中外游客前来观光、摄影和体验"晃舞"(外国游客称坐小火车为"晃舞")。英国路透社、意大利电视台、日本九州电视台、中央电视台、香港凤凰卫视和省、市诸多媒体也先后对嘉阳小火车作了专题报道。现在,嘉阳小火车已跨出犍为,驶出国门,蜚声海内外。

第五节　科学投放运力

运力的科学投入是满足旅客出行需求和提升企业运营效率的前提,各地加强对旅游客运市场供求状况的监测,定期开展本地区客运年度平均工作车日、平均出车率等相关信息的调查统计工作,根据本地区经济发展水平、旅游业发展水平、旅游客运市场的供求状况等因素,科学制订旅游客运发展规划和计划,合理调控旅游客运运力。

专栏11-11　江苏省合理调控运力投放,保持供需平衡

旅游包车客运市场既要满足当地的经济发展、旅游发展和人民群众出行的需要,又要防止结构失衡、运力过剩、恶性竞争等现象。近年来,江苏省通过旅游包车系统,定期开展对旅游包车客运运营趟次、运营天数、旅游包车平均利用率和平均年工作车日等指标的统计分析,对旅游包车客运市场供求状况进行监测。根据2015—2017年江苏省旅游包车客运市场相关指标的分析,旅游包车客运市场总体稳定,包车利用率逐年增长,由40.14%上升至47.37%;平均年工作车日由146天增长至173天,旅游客运市场快速发展,已成为道路客运市场的一个重要增长点。在定期对旅游包车客运市场监测的基础上,充分考虑各地经济发展水平、旅游业发展水平等因素,确定运力额度,做到适时适度投放运力,并通过运输服务质量招投标分配,保持市场稳定、供求平衡。2017年,苏州市申请新增旅游包车运力时,通过对

苏州市旅游包车客运市场供求状况监测分析,2017 年 1 月至 9 月苏州市省、市际旅游包车利用率为 50.8%,综合考虑了苏州市旅游市场发展水平,为苏州市新增了 150 辆省际旅游包车客运运力额度。

专栏 11-12　安徽省分批投放旅游客运运力

受理新增包车客运经营及运力申请时,实行分期、分批、逐量投放。优先发展包车(旅游)客运基础相对薄弱的地区,力争每县至少一家包车(旅游)客运企业,实现包车旅游客运全域覆盖;已成立包车(旅游)客运企业的地区,根据每月统计公布的车辆工作率及市场供求等情况进行综合评估,对上轮次运力投放不足 180 天,特别是连续 6 个月车辆工作率不足 30% 的地区,严格控制新增运力。

第四篇

交通运输与旅游协同治理

第十二章
旅游客运协同治理体系

第一节 管理体制

旅游综合管理体制改革深入推进。2014 年,国务院建立了旅游工作部际联席会议制度,统筹协调全国旅游工作。国家旅游局和交通运输部是联席会议的成员单位。2016 年,全域旅游发展战略实施,明确要求旅游体制改革。各地纷纷推进旅游管理体制改革。目前,全国有北京、海南等 24 个省份开展了旅游管理体制改革,推进旅游“局改委”,成立了省级旅游发展委员会。北京市交通委员会运输管理局设立了旅游客运管理处。三亚市实施旅游综合体制改革 + 旅游警察、旅游巡回法庭、工商旅游分局、交通旅游分局的“1 +4”监管模式。

在省级层面,各省级交通运输主管部门均设有运输处或综合运输处负责旅游客运的宏观管理。2017 年以前,各省交通运输主管部门所属道路运输管理机构负责旅游客运的许可、行业监管等具体事务进行管理。2017 年,中央编办、交通运输部印发了《中央编办交通运输部关于地方交通运输行业承担行政职能事业单位改革试点有关问题的意见》(中央编办〔2017〕193 号)以后,江苏、安徽、广东、宁夏四处省区的道路运输管理机构开始改革,将承担的旅游客运行政决策、行政许可、行政监督等职能划入省级交通运输主管部门,原道路运输管理机构转变为公益服务类事业单位,受省级交通运输主管部门委托承担相关的旅游客运管理工作。

第二节 联合执法模式

旅游客运执法涉及的部门主要有交通运输部门的运政执法队伍、旅游部门的旅游执法队伍、公安部门的道路交通安全执法队伍。

全国旅游客运执法模式可以分为3种模式，一种是交通运输部门运政执法管理模式，交通运输部门的运政执法（交通运输综合行政执法）队伍进行管理。第二种是，联合执法模式，由交通运输、旅游、公安、工商、发改委等部门组成联合执法队伍，进行联合执法。第三种是整合旅游、交通、公安、工商等部门与旅游相关的行政执法职责，成立旅游综合行政执法队伍，旅游客运作为旅游综合行政执法的一部分。全国有北京、天津、山西、上海、江苏、安徽、福建、山东、河南、广东、重庆、西藏等12个省级交通运输部门有道路运输执法机构（或交通运输综合执法机构）。

第三节　协调机制

2016年，国务院办公厅印发了《关于加强旅游市场综合监管的通知》，提出要加强旅游综合监管。各级交通运输和旅游主管部门贯彻落实国务院部署，积极探索以部门联席会议制度、签署合作协议等方式建立联合执法、信息共享等工作协调机制，加强旅游客运市场治理，促进运游融合发展。江西、浙江、四川、贵州、青海、云南、新疆等地相继建立旅游客运联合执法机制，由交通运输部门会同旅游、公安等部门，对旅游客运市场进行联合执法、综合治理，有效维护了旅游客运市场秩序。山西、吉林、江苏、浙江、重庆、贵州等省市交通运输部门与旅游部门密切协作，签订战略合作协议、联合出台文件，协同推进运游融合发展。河南省建立旅游客运和旅游产业协调发展机制，推进客运企业与文化旅游业深度融合，推进旅行社、导游和旅游客运企业及驾驶员等信息共享。苏州、杭州两地运管部门与旅游执法部门签订了四方备忘录，建立信息共享和联动执法机制，督促两地旅游企业落实旅游用车安全主体责任，交旅合力规范了旅游包车市场。四川省交通运输厅、旅游局共同签订了《信息资源共享合作协议》，建立了信息共享机制，进一步推动跨部门、跨业务的信息资源共享应用和创新利用。

第四节　企业自治自律

近年来，道路运输企业、旅行社、酒店等通过组建企业联盟，建立区域性运游融合网络，为游客提供旅游方案设计、出行规划等全链条、一站式服务，进一步激发了企业的发展活力，为广大旅客提供了更加便捷的旅游出行服务。如在中国道路运输协会的支持下，34家道路运输行业骨干企业始创、380余家企业加盟，成立了全国旅游集散中心联盟，以旅游资源丰富的重点城市为网络节点，以线下旅游集散中心服务网络和线上综合旅游交易平台为运作轴心，重点围绕网络平台、旅游酒店、旅游文创、景区经营四大板块深耕运游融合发展，为游客提供覆盖全域的一站式旅游解决方案，目前已覆盖84%的一线城市和67%的二线城市，旅游总营收超过30亿元。四川省成立了汽车客运站共享发展联盟，整合全省汽车客运资源，搭建运游融合、物流服务、产品体验等服务平台，积极探索行业转型升级发展道路。

第十三章
旅游客运管理政策

第一节 法律法规

一、旅游法

随着我国旅游产业快速发展,为保障旅游者和旅游经营者的合法权益,规范旅游市场秩序,保护和合理利用旅游资源,促进旅游业持续健康发展,全国人大制定并颁布了《旅游法》,其中有多处涉及旅游客运的内容。关于旅游集散中心,在第二十六条规定应当根据需要在交通枢纽设置旅游咨询中心。同时规定,市、县级人民政府可以根据本地的实际情况,建立旅游客运专线或者游客中转站,为旅游者在城市及周边旅游提供服务。这为旅游集散中心和旅游客运专线提供了法律依据。关于旅游客运,在第五十三条规定,从事道路旅游客运的经营者应当遵守道路客运安全管理的各项制度,并在车辆显著位置明示道路旅游客运专用标识,在车厢内显著位置公示经营者和驾驶人信息、道路运输管理机构监督电话等事项。关于旅游服务合同,第五十八条规定,包价旅游合同应当包括交通等旅游服务安排和标准。

关于旅游监督管理,第八十三条规定,县级以上人民政府旅游主管部门和有关部门在各自职责范围内对旅游市场实施监督管理。县级以上人民政府应当组织旅游主管部门、有关主管部门和交通等执法部门对相关旅游经营行为实施监督检查。

二、道路运输条例

在《道路运输条例》中对包车客运和旅游客运的要求作了总的规定。第十九条规定,从事包车客运的,应当按照约定的起始地、目的地和线路运输。从事旅游客运的,应当在旅游区域按照旅游线路运输。

第二节 部门规章

《道路旅客运输及客运站管理规定》第三条规定，道路客运经营，是指用客车运送旅客、为社会公众提供服务、具有商业性质的道路客运活动，包括班车（加班车）客运、包车客运、旅游客运。明确了旅游客运是道路旅客运输的一种重要形式。

第三款规定，旅游客运是指以运送旅游观光的旅客为目的，在旅游景区内运营或者其线路至少有一端在旅游景区（点）的一种客运方式。

第九条规定，旅游客运按照营运方式分为定线旅游客运和非定线旅游客运。定线旅游客运按照班车客运管理，非定线旅游客运按照包车客运管理。

第五十六条规定，客运包车应当凭车籍所在地道路运输管理机构核发的包车客运标志牌，按照约定的时间、起始地、目的地和线路运行，并持有包车票或者包车合同，不得按班车模式定点定线运营，不得招揽包车合同外的旅客乘车。客运包车除执行道路运输管理机构下达的紧急包车任务外，其线路一端应当在车籍所在地。省际、市际客运包车的车籍所在地为车籍所在的地区，县际客运包车的车籍所在地为车籍所在的县。非定线旅游客车可持注明客运事项的旅游客票或者旅游合同取代包车票或者包车合同。

第三节 融合发展政策

2017 年 1 月，交通运输部、国家旅游局等 6 部门联合印发了《关于促进交通运输与旅游融合发展的若干意见》，提出要提升旅游运输服务质量，鼓励旅游客运市场创新发展。积极推进游客联程联运。加强旅游交通信息服务。提升旅游交通安全保障水平。以及在公路旅游产品、水上旅游产品、空中游览、旅游专列、联程联运等旅游运输服务领域，推动形成一批可复制、可推广的成功经验。

2018 年 3 月，交通运输部、国家旅游局印发《关于加快推进交通旅游服务大数据应用试点工作的通知》，开展交通旅游服务大数据应用试点，从运游一体化服务、旅游交通市场协同监管、景区集疏运监测预警、旅游交通精准信息服务等 4 个方向开展试点。

吉林、浙江、陕西、四川等省出台了《关于促进交通运输与旅游融合发展的若干意见》的贯彻实施意见。吉林省交通运输厅联合省旅发委印发了《交通运输促进旅游业健康发展的若干指导意见》，明确了全面建设吉林省东部、南部和西部三条精品旅游带的总体目标。黑龙江省草拟《黑龙江省关于促进交通运输与旅游融合发展的实施办法》,提出“注重把生态环保理念和要求贯穿于旅游交通运输业的规划、建设和管理的全过程,实施生态旅游交通运输路线建设示范工程,真正让游客领略到旅游交通运输线上一路好风景、一路好心情”。

浙江省人民政府办公厅印发了《浙江省人民政府办公厅转发省旅游局、省交通运输厅关于加快推进交通运输与旅游融合发展实施意见的通知》(浙政办发〔2017〕45 号)。省交通运输厅、省旅游局积极推进运游融合发展,深入贯彻落实省政府工作部署。省交通运输厅立足行业实际,制定出台《关于印发〈加快推进交通运输与旅游融合发展重点任务安排(2017—2021 年)〉》(浙交办〔2017〕219 号),从促进理念融合、加快设施融合、拓展服务融合、深化产业融合四方面梳理了 18 项重点工作任务。

广东省交通运输厅和省旅游局、广州铁路监管局等 6 家单位联合转发交通运输部等 6 部门《关于促进交通运输与旅游融合发展的若干意见》,明确要求各地建立健全融合发展的工作机制,加强旅游交通基础设施的规划和建设,促进旅游服务大数据应用,结合地方特色创新铁路、公路、低空飞行、水上等旅游交通产品,加快编制《广东省公路旅游标志设置指南》,加强旅游客运市场监管和信用体系建设,为旅运服务结合发展提供指引和保障。

四川省交通运输厅、省发改委和省旅发委联合印发实施《“交通 + 旅游”融合发展专项行动计划(2017—2020)》,明确目标任务,落实责任分工,形成各方合力,共同推动交通、旅游融合加快发展。

第四节　旅游客运安全管理政策

2011 年,工信部、公安部联合印发了《关于进一步提高大中型客货车安全技术性能加强车辆《公告》管理和注册登记管理工作的通知》(工信部产业〔2011〕392 号),提出,即日起暂停受理卧铺客车新产品申报《公告》。自 2012 年 3 月 1 日起,相关企业应暂停生产、销售卧铺客车产品,工业和信息化部暂停全部卧铺客车产品《公告》,公安机关交通管理部门暂停办理卧铺客车注册登记。

2012 年,国务院制定印发了《关于加强道路交通安全管理工作的意见》,其中对旅客包车安全管理提出了具体要求,根据运行里程严格按规定配备包车驾驶人,逐步推行包车业务网上申请和办理制度,严禁发放空白旅游包车牌证。同时,要求旅游包车应严格按规定安装使用具有行驶记录功能的卫星定位装置,卧铺客车应同时安装车载视频装置。

2012年，为进一步规范道路包车客运市场秩序，保障运输安全，交通部制定印发了《关于进一步加强道路包车客运管理的通知》（交运发〔2012〕738号），提出要科学有序发展包车客运，合理调控包车运力，完善包车客运市场准入退出机制，落实企业安全生产主体责任。同时启用了新版的省际包车客运标志牌，同时要求各地加快建设包车客运管理信息系统。

国家旅游局与交通运输部联合下发《关于进一步规范导游专座等有关事宜的通知》（旅发〔2016〕51号），加强导游专座设置要求，规范企业安全管理。

第五节　道路客运转型发展政策

2016年底，交通运输部制定印发了《关于深化改革加快推进道路客运转型升级的指导意见》（交运发〔2016〕240号），提出要大力发展旅游客运和包车客运。建立旅游客运和旅游产业协调发展机制，推进旅行社、导游和旅游客运企业及驾驶员等信息共享，支持汽车客运站拓展旅游集散功能。积极引导并规范开展通勤班车（包车）、旅游客运专线、机场或高铁快线、商务快客、短途驳载等特色业务。支持道路班线客运剩余运力依法转为包车客运。对从事定线通勤包车，可使用定期（月、季、年）包车客运标志牌。对从事线路固定的机场、高铁快线以及短途驳载且单程运营里程在100km以内，在确保安全的前提下，不受凌晨2～5时通行限制。

各地也积极促进运游融合发展。云南、青海等省政府专门出台了推进旅游客运转型发展。河南省交通运输厅出台《关于深化改革加快推进道路客运转型升级的实施意见》（豫交文〔2017〕290号），积极推动旅游包车客运经营主体偏多地区的经营主体整合重组，促进旅游包车客运集约化、规模化经营。支持企业依托现有客运站场加快建设旅游集散中心，拓展旅行社资质及服务功能。支持旅游景区（点）设立旅游集散中心或客运站场，方便旅游客车停放和游客集散。鼓励企业发展旅游客运专线、公交旅游线路、景区小交通等运游结合产品，拓展新型旅游客运服务。

湖北省印发了《关于促进道路客运行业调整优化结构转变发展方式的指导意见》，正在开展“促进运游融合发展课题”研究工作，2018年拟出台《关于促进道路客运与旅游业融合发展的指导意见》。

贵州省印发了《关于深化道路旅客运输行业改革的意见》（黔交运〔2015〕15号），按照“行业政策引导、企业市场主导”的思路，积极引导企业突破发展瓶颈，向公司化、规模化、集约化现代运输企业转型。2016年，为了落实旅游呈井喷式发展的目标要求，与省旅游部门联合下发了《关于加快我省道路旅游客运发展的意见》(黔交运〔2016〕10号)，为旅游客运行业发展提供了重要的政策支撑。“鼓励旅游客运企业根据旅游市场情况加快旅游车辆的淘汰更新，加快发展中、小型车辆和新能源、清洁能源车辆投入市场，丰富旅游客运服务产品。取消旅游客车经营期限制度，道路运输管理机构要简化办事流程，对更新旅游客车实行随到随办，旅游客车达到报废年限时，企业应及时向有关部门申报并交回相关运营手续”。旅游客车经营期限取消后，对客运企业的发展起到了积极的推动作用。

云南省为加快旅游客运改革，提升整体服务效能，提升旅游客运保障能力，推动交通运输与旅游产业融合发展，促进全省旅游产业转型升级，云南省人民政府下发了《关于推进旅游客运转型发展的实施意见》。提出了推进旅游客运市场化改革、深化“放管服”和供给侧结构性改革、强化服务，打造旅游客运升级版、推进信息化建设，建立旅游客运综合监管机制等4个方面11条改革措施，推进了运力投入和车型配置市场化改革，下放了旅游客运许可权限，将国际道路运输、省际、市际旅游客运许可权限下放到市级交通运输主管部门，允许现有的班线客运车辆在班线客运经营范围的基础上，经营同际别的包车客运，为旅游客车入城通行提供便利等改革措施。

广东省交通运输厅下发《关于做好道路客运改革试点工作的通知》，并组织省内有关道路客运企业开展客运改革创新试点。广州市交通集团有限公司等企业大胆改革创新，依托属下客运站场建设旅游集散中心，设置统一风格、统一形象、统一流程、统一标准的，并集散客组织、旅游咨询、旅游投诉处理、游客救助、旅游购物、游客休憩、旅行社组织等综合服务功能为一体的旅游集散中心。

为加强旅游包车客运市场管理，规范旅游包车客运业务办理工作，2007年7月印发了《辽宁省包车客运业务办理办法》，明确了旅游包车客运经营者办理增车、更车、换证、终止等业务需提交的材料和办理流程，落实属地初审意见，建立健全管理档案。

第六节　旅游交通运输规划

贵州、新疆、海南等地编制了旅游交通发展规划，指导旅游交通运输发展。广东省韶关市编制了《韶关市旅游交通发展总体规划(2012—2020)》，2015年，重点开展高铁旅运工作调研，开通高铁到旅游景区客运线路。深圳市交委联合惠州、汕尾两市交通部门共同开展《深惠汕海上客运航线基地综合发展规划》研究，拟明确

深惠汕水上客运航线综合发展规划目标与实施策略，提出客运基地的目标选址、航线开通和运营模式，研究航线运营支持政策，形成具体的工作方案。广州市交委牵头与广州市旅游局拟定了《促进交通运输与旅游融合发展工作实施方案》，从完善旅游交通基础设施、提升旅游运输服务质量、强化融合发展保障措施、制订贯彻落实政策文件等方面共制订 11 个大项 24 个小项工作措施，加快旅运结合产品的推广和实施。

海南省专门制定了《海南省人民政府关于加快发展自驾车、房车旅游的意见》《海南省自驾车、房车露营旅游发展总体规划（2017—2020）》，在发展全域旅游的背景下，依托自驾车、房车营地建设，既可有效增强“点”的旅游功能，又能“以点串线，以线带面”，促进“点线面”全域旅游开发。

贵州省将制定旅游公路发展规划和旅游客运发展规划。从完善旅游交通网络体系、健全旅游交通服务设施、旅游服务功能、推进旅游交通产品创新等方面着手，围绕贵州省核心景区、优质旅游资源，以连接 A 级景区、带动潜力资源为目标，实施旅游公路联网工程，通过旅游公路推进景区带景点，景点带乡村，乡村带田园，田园带自然，构筑全省的旅游路网。优化旅游客运布局，积极构建机场至重要景区、高铁站点至重要景区、各地旅游集散中心至景区、景区与景区之间的运输网络，将原来单一的运输线路逐渐构建成网，逐步完善旅游运输保障体系。规划全省共有 88 县（市、区），每个县（市、区）至少有一个二级以上客运站。提升信息服务水平。统筹建设包含旅游客运在内的公众出行服务信息系统，以“互联网 + 旅游客运”的思维，集成车辆调度、行程预约、旅程策划等功能，并与旅发部门的相关信息系统对接融合，构建全面的旅游出行体系。

新疆生产建设兵团交通运输局与兵团旅游局于 2016 年 9 月联合完成了《新疆兵团自驾车、房车营地发展规划（2016—2025）》的编制及修改工作，并以正式文件下发。

第十四章

旅游客运市场监管情况

第一节　信用体系建设

各地把旅游客运行业信用体系建设作为规范旅游客运市场秩序，提升旅游客运服务质量的重要手段，采取制定科学有效的信用评价办法和标准，加强服务质量信誉考核，建设旅游客运信用平台，加强守信联合激励和失信联合惩戒，公示行业"红黑名单"等措施，加快构建以信用为核心的新型旅游客运市场监管机制。

辽宁省从2012年开始建立包车黑名单制度，凡是发生超越许可范围经营、凌晨2～5时未落地休息、未携带或持有无效包车标志牌、线路两端均不在车籍所在地、长期异地驻营、超速等违法违规经营行为列入黑名单，计入信誉考核，同时发展运力时给予限制。为建立和完善道路运输市场运行监管机制，促进道路运输经营者依法经营，诚信服务，不断提高服务质量，2008年11月制定了《辽宁省道路运输经营信誉监督考核办法》，涵盖旅游包车企业。通过开展定期和不定期考核，督促企业建立健全各项规章制度，落实主体责任，加强日常经营行为管理，对信誉考核结果为AAA级的企业，支持企业优先扩大经营范围、增加运力、异地设立分公司等，逐步形成优胜劣汰的良性机制。

吉林积极开展试点对运输经营者实施红、黄、绿、黑"颜色管理"，针对不同颜色的经营者，采取了不同的监管手段，不仅有效提高了监管效能，还为游客选择经营者提供了依据。

安徽省合肥市建立完善记分考核制度，推出了包车客运企业计分考核制度，该制度把考核重点放在包车客运企业安全管理上，通过单车月均违法违规率，违法违规处理率、日均车辆上线率、有责投诉率等五项指标进行考核。建立公开记分考核和违法违规等主要指标排名制度，每季度通报，并向社会公开，同时突出考核结果应用，考核成绩与企业新增运力、经营范围升降级、节假日加班等业务相挂钩。

湖南省修订实施了《湖南省道路旅客运输经营质量信誉考核实施细则》,对旅游客运车辆制定专门的年度质量信誉考核标准,在铝制牌使用有效期内的任1个年度发生旅游客运车辆质量信誉考核扣50分的情形,下1个年度不予备案纸质旅游客运标志牌,到期不予换发铝制旅游客运标志牌。同时,按照"谁核发、谁备案、谁管理、谁负责"的旅游、包车客运纸质牌发放制度,严格纸质牌发放管理,对不符合规定条件的,一律不得备案旅游客运、包车客运纸质牌。

第二节　旅游客运管理改革

各地积极推进旅游客运领域"放管服"改革,进一步扩大企业经营自主权,有效激发市场活动,改善旅游客运市场营商环境。

河北省为积极稳妥推进道路客运领域"放管服"改革,进一步扩大企业自主权,有效激发市场活力,改善和优化客运市场营商环境,在县际客运班车增加省际、市际包车客运经营范围试点工作,选择一定比例符合包车客运车辆技术条件的运力增加,确定了石家庄新干线客运有限公司经营的晋州至石家庄客运班线和河北万合客运有限公司经营的大名至邯郸客运班线两条试点线路,取得阶段性效果。

辽宁省交通运输主管部门考虑到班车客运企业管理相对规范,为应对高铁等影响运力限制问题,2015年9月辽宁省交通厅下发《关于支持企业发展的若干意见》(辽交政研发〔2015〕340号),明确"具有包车客运经营许可的班车客运企业,在保障正常客运班线运输服务的前提下,经营方式为公车公营且类型等级为中高级的班车(备班车)可兼营包车客运业务。"引导鼓励客运企业与文化旅游业深度融合,开发旅游直通车、景区小交通等运游结合产品,拓展新兴旅游公共服务。

安徽省通过简政放权,鼓励传统班线客运企业转型升级。为促进包车(旅游)客运健康有序发展,鼓励道路客运经营者实行规模化、集约化经营,安徽省对原有的许可工作流程和相关条件进行了优化完善。自2015年起,对自有中高级客车20辆且客位合计600个以上、过去1年未发生负主要责任或全部责任的死亡3人以上交通事故、质量信誉考核不低于AA级的班线客运企业,申请省、市际包车旅游客运时,对企业投入专一从事包车(旅游)客运的车辆数不再作具体数量要求。

贵州将"省际、市际旅游客运包车运力审批"权下放到了市级道路运输管理机构实施,使得运力的投入更加高效、及时。

第三节　多部门联合执法

江西、浙江、贵州、青海、云南、新疆等地相继建立旅游客运联合执法机制，由交通运输部门会同旅游、公安等部门，对旅游客运市场进行联合执法、综合治理，有效维护了旅游客运市场秩序。

2015年开始，上海市交通、旅游、文化执法三部门加强协作配合，在日常监管执法过程中，交通执法部门一旦查获非法旅游客运，除按常规交通执法流程立案查处之外，再将案件涉及的旅行社处理移交文化执法部门。此外，各方执法部门在调查取证中相互予以支持，交通执法部门查处道路客运案件，需要调取旅行社的道路运输合同作为定案证据，但旅行社不予配合的，文化执法部门协助调取。文化执法部门在检查旅行社经营行为时，需要调查承运企业、车辆、驾驶员资质的，交通执法部门协助予以提供。在此基础上，各方执法部门定期制定联合整治方案，选取交通枢纽、道口等旅游客运集结地或者必经地开展专项联合整治，持续加大对旅游客运违法违规行为的打击力度，营造严管氛围。

黑龙江省由省交通运输厅、省公安厅、省旅游委联合对旅游客运安全生产进行集中专项整治，从而维护旅游客运(包车)市场运营秩序，提升服务质量，进一步优化旅游客运(包车)市场环境，制定《关于开展旅游客运(包车)专项整治行动的通知》。针对冬季旅游市场游客增多的情况，开展了“冬季旅游运输市场专项整顿”，切实规范旅游客运市场秩序，提高旅游客运服务质量，营造快捷便利、周到安全的旅游客运市场环境。

江苏省交通运输与旅游部门将旅游客运联合监管作为两部门战略合作机制的重点合作内容之一，推进运政管理系统、客运包车管理系统与旅游行业管理信息系统对接等；加强市场监管，共同组织了旅游用车情况专项检查，规范旅行社用车和包车客运企业经营行为。

第十五章
信息化管理情况

第一节 包车客运信息平台建设

交通运输部全面推进包车客运管理信息系统建设,各省加快了旅游包车客运管理信息系统(平台)建设,目前全国31个省(自治区市、直辖区)均建设了包车客运管理信息系统,实现了对包车标志牌的信息化管理,一方面提高了包车客运管理的效率,另一方面,大大方便了企业办理包车标志牌等业务。北京、天津、辽宁、吉林、黑龙江、上海、江苏、浙江、安徽、湖北、湖南、海南、四川、贵州、云南、陕西、青海、新疆等18个省份实现了省际、省内包车客运管理信息系统统一管理。河北、河南、海南实现包车客运标志牌二维码查询,方便旅游客运执法。

第二节 交通运输和旅游信息融合

四川省交通、旅游以签订合作协议的形式,建立了信息共享机制,进一步推动跨部门、跨业务的信息资源共享应用和创新利用。云南省建设智慧化旅游交通系统,推动"一部手机游云南"与道路运输安全监管和包车客运系统对接,实现交通和旅游数据互换、信息共享、资源整合、互联互通。

第三节 信息综合服务能力

各地在包车客运管理信息系统的基础上,不断加强与旅游部门的协作,创新服务方式、拓展系统功能,将单纯的业务管理系统向全方位的服务系统拓展,将单一部门的系统向综合服务拓展,为旅游和交通运输管理部门加强市场监管、提升行业服务水平提供有力支撑。北京市交通委与旅游委共同研究开发了旅游团队电子行程单系统,自动生成二维码并发送至导游和驾驶员手机,并随车携带,为行业监管部门执法检查和方便社会公众监督提供了便捷高效的技术手段。青岛市加强部门协作,开发青岛市 B2B 旅游调度管理平台,为旅游车辆动态监管提供载体,强化与旅游融合发展,为旅行社线上订车提供便利,打造旅游客运包车综合服务平台。海南省推动全省旅游车统一调派平台转型升级,对旅游客运系统进行全面升级改造,实现了“四全二键一站式”出行服务平台(四全:指全时、全域、全用户、全互通;二键:指一键租车、一键支付;一站式管理)。四川省建立了“包车管家”微信公众号,管理部门通过关注微信公众号,输入包车车牌号或包车牌顺序号,查询企业、车辆、驾驶员、包车趟次、公众服务评价和投诉举报等信息,同时还可以通过微信平台开展趟次包车审核业务。

第十六章
安 全 管 理

第一节　安全管理政策

一、企业安全管理

2016 年 12 月,《中共中央国务院关于推进安全生产领域改革发展的意见》印发实施,对全国安全生产工作进行了全面部署。2018 年 5 月,交通运输部会同公安部、应急管理部修订发布了《道路旅客运输企业安全管理规范》(交运发〔2018〕55 号),对道路客运企业安全生产基础保障、安全生产职责、安全生产制度、安全隐患排查治理与风险管控、安全生产绩效管理等安全管理各方面、各环节做出了制度安排和规范,是道路客运企业落实安全生产主体责任的基本要求和工作准则,也是交通运输等部门对道路客运企业进行安全监管的主要依据之一。各地不断创新安全管理举措,取得了积极成效。

湖北省运管局 2017 年发布了《道路客运企业安全生产行为基本规范》,从道路客运企业安全责任体系、安全管理制度、从业人员教育培训管理、车辆技术管理、GPS 动态监控、安全隐患排查、应急处置、驾驶员安全操作、规范经营行为、实名制管理以及事故报告处置等 11 个方面进行了明确规定,指导旅游客运企业加强安全生产管理工作。辽宁省印发了《全省交通运输安全生产隐患排查治理攻坚行动实施方案》,在全省范围内开展旅游包车客运专项整治提升活动,夯实了旅游包车客运企业安全生产基础。

二、车辆安全管理

2016 年,交通运输部修订《道路运输车辆技术管理规定》,要求做好旅游客车的使用、维护修理、检测评定工作,对车辆实行择优选配、正确使用、周期维护、视情修理、定期检测、适时更新，保障车辆技术状况良好，确保运输安全。交通运输部制定《营运客车安全技术条件》（JT/T 1094—2016）等标准，并依托该系列标准建立并实施了营运车辆安全准入管理制度，推广智能主动防撞、车道偏离预警、智能视频监控、电子车身稳定控制等主动安全技术在营运车辆上的应用，从源头提升营运车辆的本质安全性能。

湖北省公安交管局、省道路运输管理局联合下发了《湖北省道路旅游客运车辆专段号牌管理暂行规定》，对道路旅游客运车辆实行统一标识和专段号牌管理，组织拍摄了“道路旅客运输安全告知宣传片”，推行安全告知和导游兼职安全员制度，指导旅游客运企业加强安全生产管理工作。辽宁省印发《辽宁省包车客运业务管理办法》，明确了旅游包车客运经营者办理增车、更新车辆、换证、终止等业务需提交的材料和办理流程，落实属地初审意见，建立健全管理档案。2011 年 5 月和 2016 年 11 月根据行业发展、市场变化和工作需要两次进行修改，进一步优化业务办理程序，提高便民利企效能。

三、从业人员管理

2012 年 7 月，为进一步加强道路交通安全工作，国务院印发了《国务院关于加强道路交通安全工作的意见》（国发〔2012〕30 号），其中规定“创造条件积极推行长途客运车辆凌晨 2 时至 5 时停止运行或实行接驳运输。”和“运输企业要积极创造条件，严格落实长途客运驾驶人停车换人、落地休息制度，确保客运驾驶人 24h 累计驾驶时间原则上不超过 8h，日间连续驾驶不超过 4h，夜间连续驾驶不超过 2h，每次停车休息时间不少于 20min。”

《交通运输部　公安部　应急管理部关于印发〈道路旅客运输企业安全管理规范〉的通知》（交运发〔2018〕55 号）第三十八条对客运驾驶员的驾驶时间和休息时间作出了明确规定，要求客运驾驶员日间连续驾驶时间不得超过 4h，夜间连续驾驶时间不得超过 2h。《中华人民共和国道路运输条例》中也提出，“驾驶人员连续驾驶时间不得超过 4h”。2017 年印发《道路客运接驳运输管理办法（试行）》，积极推动长途客运接驳运输常态化、规范化，确保驾驶员真正落地休息，避免疲劳驾驶。

制定完善的客运、危货驾驶员继续教育、定期考核制度。交通运输部发布《道路运输驾驶员继续教育办法》《道路运输驾驶员诚信考核办法（试行）》《道路危险货物运输从业人员考试大纲》《道路危险货物运输从业人员培训大纲》，着力加强对从业人员的继续教育和考核，提升从业人员的知识和技能水平。

四、运行管理

从2010年起，交通运输部建立了重点营运车辆动态监控平台，要求经营者为全部旅游包车加装动态监控终端、对旅游包车运行过程实施动态监管。交通运输部在2016年联合公安部印发了《道路运输车辆动态监督管理办法》，强化了道路运输车辆动态监管。

交通运输部、公安部、应急管理部（以下统称三部门）联合修订发布了《道路旅客运输企业安全管理规范》（交运发〔2018〕55号），鼓励客运企业在长途客运车辆和旅游客车上安装、使用视频监控装置及其他智能科技手段，对客运车辆超员、驾驶员违规操作、疲劳驾驶、违规使用手机等行为进行监控和管理。

辽宁省2015年1月会同省旅游局、省工商行政管理局制定了《辽宁省旅游包车客运合同示范文本》，供旅行社和旅游包车客运企业之间租车时使用。同时，在交通、旅游门户网站分别公示旅游包车企业、车辆和旅行社相关信息，保障双方以及游客的知情权、选择权和监督权。安徽省运管局2016年印发《关于加强道路旅游客运市场监管的通知》，要求各地每半年对辖区内从事旅游客运企业的基本情况进行排查，严禁“一趟多牌”，落实动态监管制度。

第二节　安全管理执行情况

国家旅游局与交通运输部联合下发《关于进一步规范导游专座等有关事宜的通知》（旅发〔2016〕51号），加强导游专座设置要求，规范企业安全管理。各级交通运输和旅游主管部门积极开展联合执法、信息共享等工作，加强市场环境整治和安全监管，提升公共服务能力。

苏州、杭州两地运管部门与旅游执法部门签订了四方备忘录，建立信息共享和联动执法机制，督促两地旅游企业落实旅游用车安全主体责任，交旅合力规范了旅游包车市场。江西、浙江、贵州、青海、云南、新疆等地相继建立旅游客运联合执法机制，由交通运输部门会同旅游、公安等部门，对旅游客运市场进行联合执法、综合治理，有效维护了旅游客运市场秩序。上海市交通、旅游、文化执法三部门联合出台了《打击旅游客运相关违法行为的实施意见》，在全市范围内建立了旅游客运市场常态监管机制。吉林省交通与旅游部门共同加大对旅游车辆的运行安全管控，通过车辆卫星定位动态监控系统与旅游云服务监管平台对接，实现了信息共享与综合管理，保障了游客的生命和财产安全。

第三节　旅游客运安全动态监管

截至目前，全国旅游客车卫星定位终端和行车记录仪安装率达到100%，实现了旅游客车联网联控系统全覆盖，有效保障了旅游客运出行安全。吉林省交通与旅游部门共同加大对旅游车辆的运行安全管控，通过车辆卫星定位动态监控系统与旅游云服务监管平台对接，实现了信息共享与综合管理，保障了游客的生命和财产安全。贵州省将旅游包车备案系统与动态监控系统衔接，若出现旅游车辆不按规定行程运行等情况，备案系统将会锁死，违规车辆将无法进行包车备案。河南省建立了旅游客车动态监控台账制度，配备专职监控人员及时纠正违法违规行为。浙江省在重点时段、重点区域建立了“电子围栏”，对重点区域内车辆进行实时管控，取得了良好的效果。

第十七章 经验做法

第一节 建立多部门协作工作机制

旅游是一个涉及农业、林业、水利、交通运输、环保、商贸、文化、体育、酒店等多个产业,旅游客运管理也与交通运输、旅游、公安、应急管理等多个部门密切相关,多个部门都从不同角度对旅游客运管理承担相应的职责,要加强旅游客运管理,建立多部门协作机制必不可少,单个部门管理起来往往存在管理力量不够、信息掌握不全、缺乏协同配合等问题,不能发挥部门间的组合优势和协作优势。《关于加强交通、旅游、文化执法部门联合打击旅游客运相关违法行为的实施意见》,也提出要创新旅游协调参与机制。强化全域旅游组织领导,加强部门联动,建立健全旅游联席会议、旅游投融资、旅游标准化建设和考核激励等工作机制。从调研的情况来看,江苏、广东等地以签订合作协议、建立联席会议制度、成立旅游综合管理部门和开展联合执法、签署信息合作协议等多种形式探索建立旅游、交通运输等多部门的协作机制,共同推进旅游客运发展,加强旅游客运行业监管。多部门协作机制,对于加强政策的统筹,加大资源的整合力度,加强部门间信息的互联互通,强化旅游客运市场的治理发挥了重要作用,取得了良好的效果。

第二节 制定促进运游融合发展政策

近年来,随着全域旅游的快速发展,旅游业与其他产业融合的进度不断加快。交通运输在国民经济中具有基础性、先导性和服务性的作用,交通运输同样是旅游出行的基础性、先决性条件,交通运输具有与旅游产业深度融合的理论基础、现实需求和必然需求。2018 年 3 月,国务院办公厅印发了《关于促进全域旅游发展的指导意见》(国办发〔2018〕15 号),指导各地切实加强旅游与相关产业融合发展。

交通运输部、国家旅游局等部门在2017年初制定印发了《关于促进交通运输与旅游融合发展的若干意见》，把旅游运输服务当作融合发展的一个重要方面。各地积极贯彻落实《关于促进全域旅游发展的指导意见》和《关于促进交通运输与旅游融合发展的若干意见》，出台了一系列交通运输与旅游融合发展、旅游包车客运管理、道路客运转型升级等方面的政策文件，对于运游融合发展起到了积极作用。

第三节 深化旅游客运改革

近年来，旅游客运发展的外部和内部环境已经发生了巨大变化，从外部看，随着我国经济发展水平的提高和消费升级，旅游需求特征的变化，旅游客运的需求越来越呈现高品质、高频次、个性化、全域化的特点。从内部看，随着高铁、私人小汽车以及网约车的发展，传统道路客运总体呈现出供给总量过剩的局面，传统道路班线客运正在面临越来越严峻的市场环境，由传统班线客运向旅游客运发展转变的态势已经显现。而目前，道路客运管理制度、管理方式和管理手段明显滞后于旅游客运发展需求，迫切需要深化道路客运转型升级。2016年，交通运输部制定出台了《关于深化改革加快推进道路客运转型升级的指导意见》（交运发〔2016〕240号）。各地纷纷出台了涵盖旅游客运改革的道路客运转型升级的政策，深化旅游客运改革的政策主要有几个方面。一是推进“放管服”改革。各地按照国务院深化“放管服”改革，推进旅游客运领域简政放权、放管结合、优化服务改革。安徽省通过简政放权，鼓励传统班线客运企业转型升级。为促进包车（旅游）客运健康有序发展，鼓励道路客运经营者实行规模化、集约化经营。安徽省对原有的许可工作流程和相关条件进行了优化完善。对质量信誉好的班线客运企业，申请省、市际包车旅游客运时，对企业投入车辆数不再作具体数量要求。贵州省将“省际、市际旅游客运包车运力审批”事权下放到了市级道路运输管理机构实施。取消旅游客车经营期限制度，道路运输管理机构要简化办事流程，对更新旅游客车实行随到随办，旅游客车达到报废年限时，企业应及时向有关部门申报并交回相关运营手续。二是深化运力管理改革。河北省试点班车转包车，有效解决道路客运班车运力闲置问题。辽宁省鼓励公车公营且类型等级为中高级的班车（备班车）可兼营包车客运业务。

第四节 加强旅游客运信息化建设

从2012年起，各地按照《交通运输部关于进一步加强道路包车客运管理的通知》，加快了包车客运管理信息系统的建设，不断丰富包车管理信息系统的功能，包车管理信息系统的使用范围和功能不断扩大。目前，绝大多数省份已经建成省际包车客运管理信息系统，在为包车客运管理决策支持、优化和简化包车客运业务办理程序、加强包车客运安全管理等方面发挥了巨大的作用。尤其是随着移动互联网技术的普及和应用，旅游客运管理信息化建设在原来单纯的业务管理信息系统的基础上，丰富了包车客运供需双方信息、业务交易和安全监管等功能。一是加强跨部门信息化合作。北京市交通委与旅游委共同研究了旅游团队电子行程单系统，实现了旅行社、导游等旅游数据与车辆、驾驶员等客运数据共享和资质互认，为社会监督和行业监管提供了便捷高效的技术手段。二是不断丰富包车客运管理信息系统功能。安徽黄山、广西桂林在包车客运管理业务的基础上，不断扩展系统功能，黄山市包车客运管理信息系统不但可以进行包车标志牌的业务办理，还可以在平台了实现包车客运业务交易，为用户选车用车提供了便利。桂林市开发了桂林出行网，将为旅客旅游出行提供金融、住宿、餐饮、门票等一体化服务。三是扩展包车客运管理信息系统的使用范围。四川省将旅游包车管理信息系统的使用范围从省际包车，扩展到市际和县际包车，大大方便了市、县际包车客运管理，同时节省了市、县级开发包车客运管理信息系统的成本。四是以信息化促进服务提升。各地都以包车客运管理信息化建设优化包车管理服务，减少企业申领包车标志牌的手续，大大缩短了业务办理时间，提高了便利性，为企业提供更好的服务。

第五节　开展多部门联合执法

各地旅游、交通运输、公安等部门不断加强对旅游包车客运执法合作，严厉打击各种违法违规从事旅游客运的经营行为和超速、超员、宰客、甩客等违法违章行为，维护旅客和经营者合法权益，净化道路运输市场环境。一是开展跨区域执法。上海、江苏、浙江等地交通运输部门利用长三角交通执法合作机制，共同开展旅游客运执法。二是开展跨部门联合执法，交通运输、旅游、文化执法部门加强协作配合，在日常监管执法过程中，交通执法部门一旦查获非法旅游客运，除按常规交通执法流程立案查处之外，再将案件涉及的旅行社处理移交文化执法部门。三是利用信息化手段执法。各地充分利用重点营运车辆动态监控系统、包车客运管理信息系统、第三方监管平台等信息化手段，加强对旅游客运的执法。

第六节　加强旅游客运信用体系建设

各地不断加强旅游客运信用体系建设,实行黑红名单等制度、差异化业务办理流程等方式,加强旅游客运信用建设,提高旅游客运监管手段和水平,不断净化旅游客运市场。一是建立黑名单制度。浙江等省建立了旅游包车客运黑名单制度,一旦纳入黑名单,将对企业的运力更新、业务办理等方面,产生不利影响。二是发挥信用联合惩戒作用。浙江省通过信息化系统发现黑名单,对企业资质、车辆二级维护、保险、驾驶员资质等进行动态管控,对不符合要求的业务备案自动筛除。云南省对存在超速行驶、未按包车合同确认的线路运行、异地经营、超范围经营、运行线路一端不在车籍地等安全方面的违规行为,由省级运管部门对其备案申请改为人工审核。三是建立第三方暗查、评估等制度。自 2010 年以来,浙江省以财政购买服务的方式委托第三方每季度对全省客运安全进行暗查,并将暗查情况通报各地进行整改。推广实施企业自我安全健康体检制度和第三方安全体检制度,有效预防和减少事故发生。积极开展安全生产标准化建设考评,包车客运企业达标率为 100%。

第五篇

交通运输服务与旅游融合发展策略

第十八章
交通运输服务与旅游融合发展趋势

第一节　旅游业发展趋势

近年来,我国旅游产业蓬勃发展,成为我国经济发展的重要引擎,在新时代下,旅游正日益成为人民群众对美好生活的向往,旅游业将迎来新一轮黄金发展期,旅游业发展也呈现新趋势、新特点,与运输服务密切相关的趋势特点也更加凸显:一是大众化。随着全面建成小康社会持续推进,旅游不再是少数人享受的高消费活动,而是作为日常生活的重要组成部分进入了千家万户,"旧时王谢堂前燕,飞入寻常百姓家"。二是品质化。随着人民生活水平提高,人民群众休闲度假需求快速增长,对旅游服务品质的要求越来越高,对个性化、特色化旅游产品和服务的要求越来越高,旅游需求的品质化和中高端化趋势日益明显。三是全域化。以点为特征的景点旅游发展模式向区域资源整合、产业融合、共建共享的全域旅游发展模式加速转变,旅游业与相关产业深度融合。四是均衡化。从空间分布来看,各地都重视旅游产业发展,加大了对旅游产业开发力度,旅游目的地从以重点旅游城市、旅游景点向全范围转变;从时间分布来看,观光休闲旅游发展迅速,旅游时间从传统的重点节假日向合理分配旅游消费时间转变。

第二节　交通运输服务与旅游融合发展趋势

一、交通运输服务与旅游融合发展新要求

(1)适应旅游产业蓬勃发展,要求不断提升旅游运输服务能力和水平。

习近平总书记高度重视旅游和交通运输的发展。他强调,旅游是综合性产业,是拉动经济发展的重要动力。旅游是传播文明、交流文化、增进友谊的桥梁,是衡

量人民生活水平的一个重要指标❶。2016年,习近平总书记在宁夏调研时强调“发展全域旅游,路子是对的,一定要坚持走下去”❷。他指出,“十三五”是交通运输基础设施发展、服务水平提高和转型发展的黄金时期,要抓住这一时期,加快发展,不辱使命,为实现中华民族伟大复兴的中国梦发挥更大的作用❸。习近平总书记对旅游和交通运输的一系列指示批示,体现了总书记对交通运输和旅游行业发展的亲切关怀和殷切期盼,这就要求我们切实提高对推进旅游运输服务工作的政治责任感。

党的十九大报告提出,要加快发展现代服务业,瞄准国际标准提高水平,提出了实施乡村振兴和脱贫攻坚战略,建设交通强国等重大战略。旅游和交通运输同属现代服务业,是实施乡村振兴和脱贫攻坚战略,建设交通强国和美丽中国的重要支撑。习近平总书记指出“脱贫攻坚,发展乡村旅游是一个重要渠道”❹。总书记在对“四好农村路”作出重要指示时强调,交通运输等有关部门和各地区要从实施乡村振兴战略和打赢脱贫攻坚战的高度,为加快推进农业农村现代化提供更好保障。学习贯彻落实党的十九大精神,要求我们必须加快推进运输服务与旅游融合发展,充分发挥旅游运输服务在乡村振兴、扶贫攻坚、交通强国、美丽中国等国家战略中的带动和引领作用❺。

2018年是全域旅游年,3月份,国务院办公厅印发了《关于促进全域旅游发展的指导意见》,明确提出要推动旅游与交通运输融合发展,构建畅达便捷交通网络。全域旅游的突出特征是“全域”,即旅游景观全域优化、旅游服务全域配套、旅游治理全域覆盖、旅游产业全域联动,要实现“全域”,便捷的运输服务网络是必不可少的条件。贯彻落实国务院的决策部署,促进全域旅游发展,要求我们必须推进运输服务与旅游行业深层次的融合和合作,构建畅通、便捷的运输服务网络,全力服务支撑全域旅游发展。

(2)满足人民向往美好生活的新时代需要,适应全面建成小康社会,要求不断改进旅游运输服务效率和品质。

服务是旅游和交通运输的本质属性,是旅游和交通运输行业改革发展的出发点和落脚点。我国已进入大众旅游时代,旅游成为人民日益增长的美好生活需要

---

❶ 《人民日报》,2015年9月16日 第7版。
❷ 《人民日报海外版》,2017年8月14日 第12版。
❸ 《人民日报》,2017年1月3日 第5版。
❹ 《人民日报海外版》,2017年10月20日 第2版。
❺ 《人民日报海外版》,2017年12月26日 第1版。

的重要内容，运输服务和旅游融合发展的主要矛盾已经转换为交通供给体系质量效益不能满足人民群众对高品质旅游运输服务需求的矛盾。

从“量”上看，旅游客运需求量仍将快速增长。据统计，发达国家居民一般每年出游 8 次以上，而我国居民人均每年出游只有 3.4 次，旅游消费才刚刚开始释放。根据国际规律，当人均 GDP 达到 5000 美元时，步入成熟的度假旅游经济，休闲需求和消费能力日益增强并出现多元化趋势。截至去年底，我国人均 GDP 已突破 8000 美元，北京、上海、广东等省市人均 GDP 已经超过 1 万美元。2017 年国内旅游人数达 50 亿人次，同比增长 12.8%；预计到 2020 年，国内旅游人数将达 64 亿人次，年均增长保持 10% 左右。旅游已成为衡量现代生活质量的重要标准，变成人民幸福生活的刚需。未来，随着全域旅游战略深入实施、人民生活水平不断提高以及国家休假制度的进一步完善等多重因素叠加，人民群众旅游出行需求将越发旺盛，旅游客运日益成为运输服务行业最具活力和潜力、需求最为迫切的领域之一。

从“质”上看，游客对旅游客运服务品质要求不断提高。随着我国居民旅游消费水平与结构不断升级，游客出行需求将更加多样化，城市休闲、乡村旅游、文化旅游、红色旅游备受欢迎，大众化、散客化、个性化和自助化的出游方式已渐渐成为主流，游客出行服务更注重体验，传统客运服务模式越来越不能满足日益增长人民群众旅游出行需要，这些都要求道路运输发挥灵活、便捷的优势，适应旅游出行形态的变化。与此同时，游客对出行安全性、舒适性和便利性的要求越来越高。游客需要便利、及时地掌握旅游客运线路、票价，城市公交线路、站点，以及铁路、民航等其他运输方式间换乘等实时动态信息，这就要求我们努力构建更便捷、更高效、更安全、更完善的旅游客运服务体系，提供多元、优质的运输服务，推动旅游客运向现代、舒适、精准化的服务模式转变，更好地适应经济社会发展和人民群众旅游需求新变化。

(3)推动高质量发展，适应行业转型升级，要求加快推进旅游运输服务现代化。

习近平总书记指出，推动经济高质量发展，要把重点放在推动产业结构转型升级上[1]。当前，我们运输服务行业正在经历由量的扩张到质的提升转变，面临严峻而复杂的发展形势，要实现运输服务行业转型升级，必然要求转变传统经营模式，加快向现代旅游运输服务模式转变。

从当前行业发展现实来看，旅游运输是道路客运转型升级的重要方向。近年

---

[1] 《人民日报》，2018 年 4 月 2 日 第 5 版。

来，随着综合交通运输体系的不断完善，特别是高铁、私人小汽车、顺风车等的快速发展，传统道路客运总体呈现出供给总量过剩的局面，传统道路客运迫切需要转型，从目前成功的经验上看，道路客运转型升级有4个重要的方向，由干线运输向城乡客运等末梢运输转变，由长距离运输向400km以内的短距离运输转变，由单一道路客运运营模式向多元化、融合发展转变，由传统班线运输向旅游运输转变。近3年来，现代旅游业成为社会投资热点和综合性大产业，始终保持在10%以上的增长水平。旅游业和道路客运业是关联产业，旅游业一定程度也是客运业的上游产业，道路客运企业的站场、运力等资源，是公路网络化旅游产品开发的有利条件，道路客运行业与旅游行业之间有着天然的互补优势，旅游业的快速发展对客流集散地及景点之间的交通、服务衔接方面提出了更高要求，道路旅游客运作为旅客观光旅游的重要承载工具和旅游方式之一也将获得更大的发展空间，这就要求我们充分发挥市场机制作用，将旅游客运与道路客运有机结合，主动调整道路客运运力配置，有序推进道路班线客运运力向旅游客运转变，不断调整旅游客运运力结构，把旅游客运作为道路客运转型升级的重要方向，以运促游、以游兴运，更好支撑全域旅游的发展和促进道路客运转型升级。

从国外发达国家运输服务发展规律来看，运输服务必将走向与旅游等相关产业深度融合的阶段。从发达国家和地区实践来看，美国、日本、欧盟交通发展战略均体现了协同融合的思路，美国出台了“国家旅行+交通”战略，以高效运输服务来保持其全球顶级旅游目的地的领导地位。日本确立了“产业+交通”的发展路径，将产业集群战略与国土交通政策深度融合。欧盟制定了面向未来的欧洲城市群综合交通融合发展计划，将欧盟公路、铁路、内陆河道与海上港口、机场结合在一起，综合来看，融合发展已成为当今世界交通运输发展的必然趋势和战略选择。日本道路客运不分城市公交与公路客运，而是按照营运特点分为公交车客运和旅游车客运，美国的道路客运也是以短途客运和旅游客运为主，我国经济正处于从人均收入8000多美元向1万美元、进而向更高水平迈进的历史阶段，发达国家的道路客运转型升级的发展经验对我们有较强的借鉴意义，我国道路客运要与相关行业协同融合发展是其必然的发展之路，未来我国道路客运的需求主要以农村客运、短途客运和旅游客运为主，这就要求我们加强道路客运与旅游的协同融合发展，提升旅游运输服务质量。

(4)顺应新技术、新业态发展趋势，要求加快旅游运输服务业态创新。

以“互联网+”为代表的全球新一轮科技革命正在深刻改变着世界经济发展和人们的生产生活，对创新旅游运输服务发展正带来全新变革，旅游运输服务与

“互联网+”的深度融合发展已经成为不可阻挡的时代潮流。

党的十九大报告明确提出，推动互联网、大数据、人工智能和实体经济深度融合，在中高端消费等领域培育新增长点、形成新动能。习近平总书记在中央政治局第三十六次集体学习时强调：“世界经济加速向以网络信息技术产业为重要内容的经济活动转变。我们要把握这一历史契机，以信息化培育新动能，用新动能推动新发展”❶。这就要求我们借力“互联网+”推动变革与创新之势，应用互联网思维，推动移动互联网、大数据、物联网、人工智能等技术在旅游运输服务领域的广泛应用，不断创新旅游运输服务模式，既要加强新技术创新，又要加强新模式的创新，以创新融入互联网时代。

互联网产品和服务与市场联系紧密，能够准确把握个性化、多样化需求，新技术、新模式也将创造更多新的消费产品和服务。随着互联网技术的快速发展及互联网与旅游运输的融合，旅游客运企业要推动移动互联、大数据、物联网、人工智能等技术在旅游运输服务领域的广泛应用，可以通过互联网汇集用户的行为、需求等海量多元化数据，然后进行大数据建模及分析，实现精准旅游客运市场定位，助力旅游运输为消费者提供“互联网+旅游定制出行”等定制化客运服务产品，而且随着智能无人驾驶汽车等新技术的应用，旅游客运企业要依托新技术、新模式的应用，创造更多新的消费产品和服务，提高旅游客运创新能力和创新优势，挖掘旅游客运发展潜力和活力，培育新业态，发展新模式，构筑新动能，促进旅游运输服务提质增效升级，加速提升我国旅游客运发展。

二、交通运输服务与旅游融合的具体要求

交通运输服务与旅游始终处于一种互为依托、互相促进的密切关系，现代旅游业的快速发展，既为交通运输转型升级提供了机遇，也对高品质的运输服务提出了新的更高要求。

(一)畅达便捷的基础设施网络

畅达便捷的交通网络是旅游发展的基本保障和先决条件，旅游业的发展需要更加完善的综合交通运输体系，需要优化完善公路、铁路、水路、民航、城市交通等交通基础设施建设对旅游发展需求的支撑，高速公路、高速铁路和机场等交通基础设施建设要统筹考虑旅游发展需要，加快通往重点景区的支线机场和通用机场的

❶ 《人民日报》，2016年10月10日 第1版。

改扩建，改善公路通达条件，提高旅游景区可进入性，推进干线公路与重要景区连接，规划引导沿江沿海公共旅游码头建设，在国省干线公路和通景区公路沿线增设观景台、自驾车及房车营地和公路服务区等设施，推动高速公路服务区向集交通、旅游、生态等服务于一体的复合型服务场所转型升级。

（二）广覆盖的运输服务网络

随着全域旅游时代的到来，已有的交通运输服务覆盖面已不能满足旅游业发展的需求，交通运输的覆盖面要因地制宜地根据旅游业发展的需求适时拓展，充分发挥高铁、民航等交通方式在长距离干线运输中的优势作用，进一步扩大高铁、民航对旅游景区的覆盖范围，依托“四好农村路”建设，进一步拓展乡村客运服务。

（三）高品质的交通运输服务

旅游业的发展不仅要求广覆盖的交通运输服务，更需要品质化的交通运输服务，旅游具有较强的季节性特点，十一黄金周、春节等旅游旺季，人民群众的出行需求急剧增加，游客数量爆发式增长，旅游旺季的高品质交通运输服务保障是重点，也是难点，针对旅游旺季，交通运输要适时增加交通运输运力的投放，以满足人民群众的出行需求，增开旅游目的地与主要客源地之间的列车和旅游专列，增加重点旅游城市与主要客源地之间的航线，增加道路客运和水运旅游运力的投放。同时，根据旅游的出行需求，为旅客出行提供全方位、多层次、高品质的旅游运输产品，积极打造个性化、多样化的交通运输出行服务。

（四）及时准确的信息服务

针对互联网、移动终端的发展，游客对交通、景区等旅游信息服务需求的增加，要因地制宜地拓展公路场站、高铁站、码头、机场、综合客运枢纽等枢纽场站的功能，依托交通枢纽，有效提供景区、线路、交通、气象、安全、医疗急救、投诉等信息与服务。要依托手机 App、公众号、在线网站等多种方式，为游客实时推送旅游信息，为游客提供便捷的出行服务和增加游客的体验感。

第十九章
交通运输服务与旅游融合发展策略

第一节　融合思路

要坚持为人为本的思想，市场主导的推进方式，资源融合的发展理念，守住安全发展底线，着力构建旅游客运服务网络，创新旅游客运服务产品，完善旅游安全服务管理，理顺运输服务与旅游融合发展机制，推动旅游客运行业跨越式发展，实现运输服务行业转型升级，不断增强人民群众的获得感、幸福感、安全感，为交通强国建设和全域旅游发展提供高质量的旅游运输服务保障。

第二节　发展方向

结合交通运输服务与旅游融合发展实际情况和需求，新时代下，推进交通运输服务与旅游融合发展应当牢牢把握以下方向。

坚持以"人"为中心。交通运输服务与旅游发展的一切工作都为了人民群众，都是以满足人民群众旅游需求为根本出发点和落脚点，人民群众需要什么样的旅游运输服务，交通运输行业和旅游行业就应当提供什么样的服务，把实现好、维护好、发展好最广大人民根本利益作为发展的根本目的。

坚持以市场为主导。充分发挥市场配置资源的决定性作用，给予市场主体更大的经营自主权和活动空间，调动市场积极性，充分释放市场活力。政府部门"不该管的就不要管"，"该管的就要管住管好"，更好地发挥政府在安全和服务监管等方面的作用，构建统一开放、安全规范、有序的旅客运输服务市场。

坚持以创新为动力。创新是推动运输服务与旅游融合发展的不竭动力，以改革创新驱动发展，深入推进供给侧结构性改革，鼓励企业创新服务模式、服务产品、服务手段，实现创新发展。深入推进管理创新，应用互联网思维，加强行业管理，创新行业监管方式,监管手段,实现全天候、实时动态监管。

坚持以融合为手段。以开放的态度对待行业间融合和新模式、新业态发展。坚持融合发展理念,整合交通运输和旅游资源,加强交通运输与旅游管理部门以及运输企业与旅游企业的协同和协作,发挥各自优势,相互支持,形成共建、共管、共营、共赢的格局。以包容审慎的态度应对新业态、新模式发展,加强新旧业态协作,着力寻求新旧业态的合作共赢点,妥善解决新旧业态融合发展问题。

坚持以安全为底线。安全是一切交通运输企业生存和发展的前提,要把安全生产作为运输服务与旅游融合发展的基础,坚持底线思维,不断创新监管手段、监管方式,强化监管力度,促进行业可持续发展。

第三节 发展重点

一、完善旅游交通基础设施网络

(一)加强旅游交通运输基础规划

强化规划引领作用,加强旅游交通基础设施发展规划编制,通盘考虑交通运输设施建设与旅游要素、旅游资源的相互衔接,构建服务游客出行的“快进慢游网络”。统筹规划运输场站(旅游集散中心)、旅游景区(点)和公路交通网络充分融合,构建层次清晰,结构合理的多层次、多元化旅游公路网络,形成通达旅游目的地的便捷、高效、绿色、经济的公路网络。

(二)构建“快进”交通网络

依托高速铁路、城际铁路、民航、高等级公路等构建“快进”交通网络,提高旅游目的地的通达性和便捷性,实现游客远距离快速进出目的地。推进一种及以上“快进”交通方式通达4A级景区,两种及以上通达5A级景区。优化配置重点旅游城市列车班次,有条件的旅游城市增开旅游专列。鼓励旅游城市增加至主要客源地直航航线和航班,优化旅游旺季航班配置。鼓励按规定开展旅游包机业务。健全重点旅游景区交通集散体系。加快干线公路与景区公路连接线以及相邻区域景区之间公路建设,在有条件的地区形成旅游环线,并根据景区旅游规模科学确定公路建设标准。做好自驾车、房车营地与交通干线之间联通公路建设。增强综合运输网络对旅游的保障作用。

(三)建设“慢游”交通网络

建设集“吃住行游购娱”于一体的“慢游”交通网络。因地制宜建设旅游风景道,结合沿线景观风貌和旅游资源,打造具有通达、游憩、体验、运动、健身、文化、教育等复合功能的主题线路,并根据需求增设自行车道、步行道等慢行设施。强化旅游交通“最后一公里”建设,提高旅游目的地的可进入性,并加强通景公路沿线环境整治。依托“四好农村路”建设,做好通乡通村硬化路、县乡道改善提升、产业路建设和农村公路窄路加宽等工作,进一步扩大对农村旅游景点的覆盖范围和延伸深度。加快红色旅游景区与周边景区旅游公路连通,努力推动红色旅游公路升级改造和新增红色旅游公路建设,切实提高精品红色旅游线路的交通基础条件。支持通往少数民族特色村寨、风情小镇等旅游景点的乡村旅游公路建设。

(四)强化客运枢纽的旅游服务功能

鼓励支持机场、火车站、汽车站等客运枢纽经营管理单位拓展旅游服务功能,将具备条件的客运枢纽逐步向旅游集散中心转型。改造升级枢纽内的旅游信息服务系统、标识引导系统等旅游服务设施;提升旅游集散中心的综合服务功能,健全自助游集散、旅游咨询、车辆服务、自驾车租赁、气象预报等枢纽集散服务功能。鼓励开通交通枢纽、旅游集散中心至景区以及景区间一站直达的直通车,各地交通部门与旅游部门要加强衔接,积极支持在景区内设置旅游客运停靠站点,同时要在景区直通车线路审批、班线客运剩余运力向景区直通车转换、景区直通车与城市公交站点共享设施资源等方面予以优先支持,更好地解决旅游景区“最后一公里”通达问题。

(五)完善公路沿线的旅游设施服务功能

根据旅游发展和公众出行需求,交通运输部门加快完善公路交通旅游服务设施,推进标志标牌、停车区和收费站的合理布设。优化旅游交通标识标牌的设置,打造具有旅游特色的标志标牌,推行旅游交通标志与新建、改建公路主体工程同步设计、同步施工、同步验收。完善高速公路路面标志标线、护栏等设施,提高自驾游游客夜间驾驶的安全性与舒适性;推进全区高速公路 ETC 系统建设,提升通行效率,力争在通往 5A 级景区的高速公路收费站均开通 ETC 通道。

(六)提升公路服务区的旅游服务功能

建成一批特色主体服务区或目的地型服务区,开展“服务区 + 地方特色”“服务区 + 扶贫”建设,推进“服务区 + 旅游”融合发展;有条件的高速公路结合重要景区灵活设置出入口;在有条件的服务区设置旅游房车停靠综合区、自驾车营地、徒步骑行驿站、旅游风景道观光点,在临近重点景区的服务区设置景区门票售卖点,引入特色旅游商品和补给商品售卖服务功能;按照国家A级厕所标准,推进高速公路服务区的"厕所革命";推动形成集餐饮、旅游、购物、休闲、体验、娱乐、住宿、商贸等多功能、多业态发展的综合服务体和特色主题服务区。

加快开展普通公路服务区建设,推动国省干线公路旅游服务提质增效升级;结合沿线村镇城市分布和景点游览需求,合理布设餐饮、休憩、住宿、汽修、厕所等服务设施及观景台、自驾车房车营地、驿站、港湾式停靠带、讲解牌等观景服务设施。具备条件的公路养护站、道班可探索配套建设旅游停车场、旅游驿站、简易自驾车房车营地、徒步单车骑行露营地等设施,与旅游景区、乡村旅游点等充分融合增设停车场,实现与旅游景区接驳服务等功能。特许第三方参与利用服务区设施提供餐饮、住宿等旅游服务经营活动,利用特许经营收入弥补服务区建设运维成本。

二、完善运输服务网络

(一)推进旅游客运市场集约化发展

支持骨干龙头企业发展。建议各省根据各自实际情况进一步出台支持骨干龙头企业发展的政策文件,鼓励骨干龙头企业兼并重组,整合线路、车辆、运输等各方面资源,使之形成强大合力,逐渐改变当地旅游客运市场多小散乱的局面,从而真正保障旅游旺季的运输服务能力,以从容面对挑战,以及避免争客强行、超员超速、非法载客等严重影响安全和不规范经营的行为。

推进运输企业多元化发展。当前,道路客运企业运输市场份额相对饱和,如何进一步增强企业市场竞争力,寻求新的经济增长点,使之可以可持续发展,是许多企业正在探索的问题,面对旅游客运井喷式的增长需求,以市场需求为导向,可以鼓励运输企业与旅游企业合作,鼓励运输企业向旅游相关产业发展,拓展经营领域,实现运输企业的多元化经营,满足旅游客运市场多样化、个性化的市场需求、提升运输企业的市场竞争力,形成运输业与非运输业的良性互动格局。

支持联盟发展。近年来,为各地因地制宜的建设了旅游集散中心,运输企业和旅游企业旅游融合发展深度也在增加,在此基础上,可以鼓励支持成立旅游集散中心联盟、旅游运输企业联盟,以充分利用各联盟成员单位现有的车站、车辆、线路、酒店、景区等各种资源要素,充分挖掘交通与旅游的零距离优势,通过组建及运作联盟实体公司,抢占交通产业与旅游产业的制高点,推动交通出行与旅游资源两条产业链之间的优化整合,实现运输产业与旅游产业的聚变融合,共同携手打造"交通+旅游"新型连锁经营服务模式,抱团挺进景点景区,助力全域旅游发展,提供优质旅游服务,以更好地满足人民群众的旅游出行需求。

(二)加强旅游客运网络覆盖

针对目前旅游客运网络覆盖深度和广度不够的问题,可以采取多种措施并举的加以推进,各地根据当地旅游客运网络需要完善的具体情况,根据旅游专线、城市旅游公交、农村旅游客运等多层次的旅游客运发展模式的特点和适用性,延伸或增设旅游线路,针对重点旅游景区,可以在满足景区通达性的基础上,增设旅游专线,提高景区的快速直达,提升景区的吸引力和更好地满足人民群众高品质的旅游出行需求,针对旅游城市,可以增设城市旅游公交线路,串联城市主要景点,方便游客浏览参观。针对农村旅游客运,加快推进城乡道路客运一体化,通过班线客运公交化改造、增加农村旅游线路等方式,提高农村旅游景区的通达性。通过多种方式以加强旅游客运网络的覆盖深度和广度,满足全域旅游的发展需求。

(三)鼓励创新旅游运输服务方式

大力支持精品旅游运输发展。实施精品战略,在发展观光旅游时不断注入新内容,开发具有特色的特种旅游产品,以适应不同消费兴趣旅游者的需求。结合当地道路客运的特色,发展具有道路客运旅游项目。鼓励拓展邮轮码头等客运枢纽旅游服务功能,发展旅游客运码头、游艇停靠点等,加强邮轮港口与城市旅游体系的衔接,引导有条件的城市建设邮轮旅游集散枢纽,发展邮轮、游艇等水上旅游运输产品。结合具有地域特色和历史文化价值的旅游线路和客运网络,打造文化旅游运输服务产品。

拓展定制旅游运输服务。“交通运输 + 旅游”是客运业最顺理成章想到的,既能扬长避短又能比拼服务软实力的转型出路,道路客运企业应对市场,主动提供个性化服务,根据当地旅游特点和旅客的出行需求,开通定制旅游客运专线,开发菜单式旅游运输线路,方便旅客选择。

创新乡村旅游客运服务。乡村旅游需求巨大,但存在乡村旅游道路路况不良、客运网络不完善等有效供给不足的问题,游客体验满意度不佳等问题,要完善乡村旅游客运服务网络,为游客的便捷出行提供保障。以新型乡村旅游示范点为载体,以用户需求为导向,从乡村的核心资源,文化内涵,特色特点出发,找到核心吸引点,利用民族村寨、古村古镇等具有历史记忆、地域特色、民族特点的旅游小镇沿线开发旅游客运服务产品,形成一批主题鲜明,特色突出,错位发展的乡村旅游基地。

推动出入境旅游运输发展。加快双多边协定的制修订工作,促进国际不定期旅客运输和自驾游运输的发展,与“一带一路”沿线国家共商共建具有通达、游憩、体验、运动、文化等复合功能的国际旅游线路。鼓励拓展国际邮轮航线,打造邮轮港口至旅游景区(景点)一体化旅游线路。

三、推进行业治理能力现代化

(一)推进旅游客运行业改革

建议深化道路客运运价改革,研究建立以市场供求状况和服务品质等为基础的定价机制。各地道路运输管理机构要深入推进旅游客运“放管服”改革,最大程度给予企业经营自主权。加快推进班线和旅游包车客运管理改革,鼓励集约化程度高、信用等级高、服务质量高、安全管理水平高的企业班线和旅游包车共享运力,探索实行“一车两证”,允许部分车辆既可以从事班线运输,又可以开展包车业务,鼓励运力过剩的班线客车依法转为包车;推进包车标志牌管理改革,简化单趟次包车合同备案手续,探索实行二维码等形式电子包车标志牌,在符合条件的情况下,允许企业根据业务情况实时备案和变更包车业务信息,放宽不合理的包车客运起讫点、趟次时限和区域等管制;鼓励各地建立跨区域旅游客运运力调配机制,实现旅游客运集约化发展;鼓励规范旅游直通车发展,各地要根据实际情况,制定旅游直通车的运营管理要求,明确旅游直通车的性质、许可方式、线路、车辆、起讫点、中途停靠点等要求,为旅游直通车运营创造条件。

(二)完善法律法规

加快《道路运输条例》《道路旅客运输及客运站管理规定》等法规、部门规章的修订,以法规和部门规章的形式,明确旅游客运管理的相关要求,以法规的形式明确深化道路客运管理的相关措施。如,一车两证、跨区域运力调配等。

(三)加强旅游客运运力需求管理

交通运输部门要会同旅游等部门,综合考虑本地旅游市场发展需求、旅游数据统计以及景区(景点)客流监测等情况,定期开展旅游客运需求量调查,科学确定并向社会公示旅游客运运力投放标准、规模和投放计划,研究建立旅游客运运力投放机制。鼓励实施旅游客运服务质量招投标管理制度,支持在公司化、规模化、集约化经营方面具有优势,诚信等级高、运输安全生产责任落实、经营行为规范、服务质量好的企业,拓展经营范围,扩大经营规模。建立健全旅游客运市场退出机制,把安全生产状况和质量信誉考核情况作为企业退出市场的主要依据。

(四)规范旅行社约租车行为

加强旅行社约租车市场监管,旅游、交通运输等部门要共同组织开展旅游用车情况专项检查,规范旅行社用车和包车客运企业经营行为。旅行社应当承包或租用合法、合规的营运车辆,不得强行指令道路客运企业、车辆违规运行,不得擅自让游客中途下车,旅游主管部门要加大对租用“黑车”的旅行社的处罚力度。旅游客运驾驶员应当按包车合同或包车票规定的线路、趟次和时间运行,不得中途招揽其他乘客,不得中途甩客。应当按规定驾驶时间驾驶车辆,避免疲劳驾驶。

(五)完善旅游客运市场信用体系

交通运输部门应当建立旅游客运企业、车辆、驾驶员的黑名单制度,加大对失信主体的跟踪检查和曝光力度。旅游部门应当建立旅行社、导游等市场主体黑名单管理制度,健全旅游经营企业及从业人员信用记录形成机制,及时完善旅游经营企业及从业人员信用信息及信用档案。探索建立健全旅游客运企业、旅行社等主体的信用等级评估制度,定期开展信用评价,集中通报存在严重不良行为企业。加强信用信息在市场准入、服务质量招标投标等环节的应用。交通运输部门和旅游部门应当加强信用管理协作,建立完善守信联合激励和失信联合惩戒制度。

(六)加强旅游客运联合执法

强化交通运输、旅游与工商、公安等部门协调配合,开展多部门联合执法,建立综合治理工作新机制,依法打击“黑社”“黑导”和“黑车”,推动实现正规车、正规社、正规导“三正”服务模式,有效保障游客人身财产安全。推动协调公安部门,为具有合法经营资质的旅游客运车辆制定专段号牌,便与执法机构识别和打击非法营运车辆。

(七)畅通举报投诉渠道

要充分发挥12328交通运输服务监督电话、12301旅游服务热线等服务电话倾听旅客声音的作用,及时受理并处理游客投诉举报、信息咨询和意见建议。建立12328交通运输服务监督电话和12301旅游服务质量监督电话的衔接机制,及时将投诉案件及时转办。各旅游客运企业、旅行社、旅游集散中心等也要及时公布相关服务监督电话,主动接受社会监督,方便旅客表达心声意愿、反映利益诉求、举报违法行为、维护消费权益。

四、加强信息化建设

(一)建设旅游客运信息平台

依托全国道路运输运政信息平台,整合各地旅游客运和旅游、信用等信息资源,建设全国旅游客运信息平台。鼓励各地整合交通运输和旅游信息资源,建设省级、市级旅游客运信息平台,要不断丰富平台功能,为行业管理部门决策、监管,企业运力调配、标志牌申领、市场开发等提供服务,满足旅行社、社会团体及个人用车需求,并选择合格的车辆。要求各省强化旅游包车客运信息化管理,统一包车客运管理信息系统,实现省际、市际、县际包车统一平台办理。

(二)加强旅游客运信息互联共享

通过信息平台建设,实现各级交通运输部门、旅游部门等行业管理部门的数据互联,促进建立跨部门、跨区域的协调联动机制,实现交通运输部门运输企业、车辆、驾驶员、服务质量考核、违法违规等信息与旅游部门旅行社、导游、旅游景区等信息共享。加强旅游客运信息平台与联网售票系统、运政信息系统、12328 交通运输服务监督电话等系统的对接,及时共享信息。明确旅游客运信息接口标准和规则,促进国家旅游客运信息平台与省级旅游包车管理系统的数据共享。

(三)增强信息化服务水平

鼓励各地加强信息平台的开发应用,充分发挥信息平台的纽带作用,围绕旅游出行六大要素,结合地方特色拓展定制化的信息服务,向公众及时发布价格、运力、景区、旅行社、旅游客运车辆等服务信息。加强旅游和运输服务领域的移动互联网和大数据应用,引导各类互联网平台和市场主体参与交通运输、旅游服务大数据产品及增值服务开发。运用网站、微博、短信、微信、App、电子显示屏等媒介,为社会公众提供多样化交通出行、旅游等综合信息服务。

五、加强旅游客运安全管理

(一)落实企业主体责任

运输企业是安全生产的主体,督促企业严格落实各项安全操作规程和安检措施,把措施落实到基层、任务分解到现场、责任落实到岗位、到人。持续推进旅游客运企业安全生产标准化建设,不断完善各项安全管理制度和标准体系,强化车辆安全技术和从业人员管理,严格执行车辆维护和检测制度,确保车辆技术等级符合规定,加强对驾驶员的管理,按规定配置驾驶员。

(二)夯实安全生产基础支撑

推进旅游客运企业安全生产标准化建设。推动行业管理部门的安全生产标准化管理。通过搭建系统,梳理出行业监管的权力清单和责任清单,实现行业监管照单履职。同时,通过信息化系统,以问题隐患为导向,以整改落实为目的,实现行业监管闭环式管理。推动企业安全生产标准化管理。落实交通运输部安全风险管控

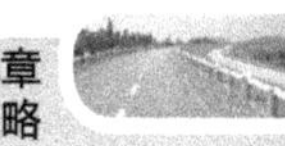

制度,搭建企业安全风险管理系统,引导道路运输企业全员安全生产责任体系建设,实现安全生产痕迹化管理。

强化车辆安全技术管理。严格落实车辆安全技术要求应符合《道路运输车辆技术管理规定》。车辆符合车辆基本技术条件和技术管理的一般要求,定期进行车辆维护与修理,进行车辆检测管理,并加强监督检查,不符合规定者追求法律责任。加强对长距离包车线路车辆核查工作,从事旅游客运线路长度在800km以上的客运车辆,其车辆类型等级应当达到行业标准《营运客车类型划分及等级评定》(JT/T 325)规定的中级以上。

优化从业人员职业资格管理体系。加强从业人员职业标准建设。加快制修订涉及运输服务质量和安全保障能力的关键岗位职业标准,加强职业标准与教育培训、考核规范的衔接,为规范从业人员从业行为、提高从业人员职业素质提供科学依据。提升从业人员专业技能素质。加强职业教育与职业培训基础能力建设,强化师资队伍建设,改善实习实训条件,开发优质教育培训资源,促进职业教育和职业培训现代化。培育践行从业人员职业道德。强化“爱岗敬业、诚实守信、服务群众、奉献社会”的职业道德。推进职业技能与职业精神有机融合,牢固树立从业人员精益求精、严谨专注等工匠精神。培养德技双馨、身心双健的高技能从业人员。

完善驾驶员诚信考核机制。加强从业人员信用评价办法及评价标准制定,结合职业资格制度建设,重点推进驾驶员信用体系建设,实行守信激励、失信惩罚的“红名单”“黑名单”制度,稳步提升驾驶员队伍整体素质。完善驾驶员诚信考核机制,细化诚信考核标准,强化考核结果应用,督促驾驶员自觉遵守国家法律法规,诚实守信、文明从业,稳步提升驾驶员队伍整体素质。

建立旅游客运行业年度安全评估机制,探索建立第三方暗查、评估等制度。建立道路客运行业年度安全评估机制,通过突出重点、精确分析、率先预防、及时排查、落实整改等闭环管理措施,进一步夯实安全管理基础。建立行业安全隐患排查治理制度,根据隐患严重程度,实施督办制度,对隐患整改不落实依法依规严肃处理。同时加强对隐患内容的统计分析,对行业共性隐患,及时采取针对性措施,强化监管。加快完善“事中、事后”监管机制。加快完善“事中、事后”监管机制,强化各相关单位的“联勤联动”,提升综合监管效力。依托信息化手段,丰富日常监管模式,同时将明察与暗访相结合,将安全监管与日常考核相结合,整合监管资源,提高监管效率。

(三)加强旅游客运动态监管

利用“电子围栏”等信息化手段,实现精准监管和动态监管。行业管理部门应充分运用大数据和信息化手段，进一步强化旅游车辆动态监控在安全管理工作中的作用，通过车辆的卫星定位数据和GIS（地理信息系统）相结合，在重点时段、重点区域建立“电子围栏”，对区域内车辆进行实时管控，将包车备案系统和动态监控系统实现有效结合。

推动引入保险等第三方机构强化旅游客运车辆和驾驶员的动态监管。引导道路运输企业实施旅游客车承运人责任险统保工作，通过招投标方式确定承保公司、保额和费率，规范承运人责任险投承保程序和标准，将运输企业、保险公司和管理部门三方安全工作有效结合，实现运输企业减负、保险公司促保和监管手段提升的预期目的。

强化预测预警预控和过程监管。通过引入第三方动态监控平台加强车辆动态监管，及时提醒和纠正驾驶员超速和疲劳驾驶等交通违法违规行为，消除安全隐患，并将多次存在违法违规行为的驾驶员作为安全管理的重点对象。并联合交通、旅游、文化执法等部门进行过程监管，持续加大对旅游客运违法违规行为的打击力度，营造严管氛围。

建立旅游客运重大危险防控点辨识登记、安全评估、报告备案、监控整改、应急救援等工作机制。客运企业应当建立旅游客运重大危险源防控辨识登记、安全评估、报告备案、监控整改、应急救援等工作机制。发生生产安全事故后，客运企业应当立即采取有效措施，组织抢救，防止事故扩大，减少人员伤亡和财产损失。对于在旅客运输过程中发生的生产安全事故，客运驾驶员和乘务员应当及时向事发地的公安部门及所属客运企业报告，并迅速按本企业应急处置程序规定进行现场处置。客运企业应当建立应急救援制度。健全应急救援组织体系，制定完善应急救援预案，开展应急救援演练。

（四）加强安全应急管理

加强交通运输、旅游等不同部门之间的协调联动关系。交通运输部门应与旅游部门开展战略合作。积极推进运政管理系统、客运包车管理系统与旅游行业管理信息系统对接等；加强市场监管，组织旅游用车情况专项检查，规范旅行社用车和包车客运企业经营行为。推进区域联合执法。重点围绕“两客一危”车辆，加强区域运政稽查工作的配合与协调，实现稽查信息互通和资源共享，重点检查未经许可擅自从事包车经营、不按标志牌载明的事项运行、招揽包车合同以外的旅客乘车等违法行为。

加强重大节假日、旅游高峰时段的安全应急管理工作，加强预报预警，及时做好突发事件处置。针对旅游景区和公园等主要游客聚集场所，建议加强预报预警，及时向社会发布旅游和客运动态信息，采用信息化等手段引导旅游高峰客流，提升旅游运输服务应急保障能力。发生旅游客运突发事件时，能够准确判断影响程度，及时启动相应级别的应急预案，果断处置，调集各方资源，有效控制事态发展。

突出加强灾害性天气的预防、预报和预警工作。建议旅游部门与气象部门强化部门联动，完善灾害性天气旅游安全联防责任制；加强沟通会商，及时发布灾害性天气预报预警信息；督促旅行社、旅游景区等涉旅企业严格落实安全生产主体责任，指导完善应急预案和协调联动工作机制，做好灾害性天气的应急救助准备。各级气象部门要切实加强灾害性天气的监测预报预警，提高突发性、局地性强对流天气预报的精准化和提前量，强化强对流天气的预报预警服务；针对主要交通干道、重点旅游景区等，强化气象预报预警信息发布工作，加强与旅游部门沟通，及时通过各种渠道为旅游管理部门提供气象灾害预报预警信息。发生涉旅气象灾害事件时，要及时组织开展针对性的预报会商和区域联防，准确提供应急处置的技术支持和后续气象保障服务。

第六篇

交通运输服务与旅游融合发展案例

第二十章
地 方 案 例

第一节　江　苏　省

江苏省以“站”促游、以“运”促游，推动道路客运行业与旅游行业共促共赢。

一、旅游客运市场现状

江苏省拥有旅游包车业户共299家，其中班线兼营81家，专营旅游包车业户218家；省市际旅游包车10777辆，户均拥有省市际旅游包车36辆，车辆档次和服务水平逐步提升，能满足旅客对运输行业的需求，对促进运输和旅游经济发展起到了积极作用。江苏省旅(游)客到外省出游目的地主要有山东省的青岛、蓬莱沿海各市，安徽的池州牯牛降、九华山、黄山等地，江西省的庐山、龙虎山等地，以及上海、浙江、杭州等地；省内旅游需求集中在南京的六朝圣迹、苏州的园林古镇、无锡的太湖风景名胜，以及市、县特色旅游小镇、景区等。每年旅游包车的业务也会随旅游的周期性呈现出比较规律的淡旺季，淡季包括4~6月份、10~12月份，旺季包括1~3月份和7~9月份。

二、经验做法

大力推动“站运游”一体化服务，鼓励道路客运企业为游客提供多样化、高品质、定制化的出行服务，延伸出行产业链，借助道路线上服务平台，加快推出“吃住行游购娱”等“一站式”综合服务。

(一)加强协作，深化运游融合

江苏省交通部门与旅游部门互相促进、紧密合作，在规范“运游”市场秩序、推动“运游”融合发展等方面多次深化协作。2017年底，江苏省交通运输厅与省旅游局共同签署了战略合作协议，包括：加强政策引导，打造精品公路旅游服务基础设施，支持汽车客运站设立旅游集散中心；推进“水韵江苏”旅游交通发展，鼓励地方利用低等级航道发展水上旅游，鼓励发展旅游客运码头、游艇停靠点等；支持道路客运企业开拓旅游市场、发展旅游运输业务；加强旅游交通信息服务等。2018 年 2 月份，13 个市骨干客运企业，已率先牵手合作，入股建成运游联盟实体企业，成立了江苏中道旅游发展股份有限公司。省级客运协会加强运游结合的市场调研，为运游协作提供政策支撑。政府、企业、社会等多个层面共同发力，进一步推进运输与旅游融合发展。

（二）以“站”促游，方便游客出行

以省政府构建“畅游江苏”体系为契机，鼓励各地积极与当地旅游部门合作，在汽车客运站建立游客集散中心，完善旅游配套设施。苏州、南通、南京、无锡、徐州、连云港等城市均建立了省级游客集散中心，提供旅游咨询、交通气象、旅游预订，受理旅游投诉等公共服务，以及旅游商品销售等经营服务，开辟游客绿色集散通道。南通市建立多个市、县级旅游集散中心，增加游客接待区、旅游专线发车区、旅游用品和特产专卖区，进一步整合统筹站运游资源，实现了市、县旅游运输服务一体化网络。

（三）以“运”促游，提升运输效率

鼓励客运企业根据游客需求，依托线上服务平台，提供运输旅游“一站式”综合服务和定制化个性服务。开展城市候机楼（车票 + 机票）、机场接送、高铁换乘（车票 + 火车票），开展“车票 + 景点门票”“车票 + 住宿”“车票 + 门票 + 住宿”“车票 +1 至 3 日游”等运游结合互促互惠业务。苏州相继开通的扬州精品旅游线、上海迪士尼乐园直通车、九华山祈福精品游等均以“车票 + 景点门票 + 住宿”为服务模式，对旅游专线提供导游讲解、景点资讯、“门到门”运输等运游“一站式”综合服务，游客通过旅游集散中心、网上平台等渠道，可以享受专业道路运输企业提供的专业化、一站式服务。南通市大力发展旅游班线景区直通车，提高车辆的利用率和实载率，还积极引导服务人员从乘务员转变为导游，打造全新的旅游运输营销复合型人才，近 100 名站运人员转岗旅游服务和经营管理，30 多人取得导游执业资格证。目前全省共开行“运游结合”线路 159 条，投入车辆 1260 余辆，为旅客出行提供全方位、多层次、高品质的服务，推动旅游行业与道路客运行业共促共赢。

三、创新运游服务产品，培育运游融合新业态

（一）专注品质，开发“站运游”精品旅游线路

各市客运企业根据旅游资源情况，因地制宜，开发具有地方特色的旅游产品，

并大力打造品质游，如苏州推出的“纯玩＋无购物”游，拒绝强制购物强制消费，并在旅游的过程中配导游为游客提供各个景点的讲解及陪同服务，注重游客回访工作，安排专人负责了解游客在游玩中存在的问题，并予以及时沟通和改进，提升了运游服务品牌质量和游客满意度。南通“飞鹤快乐游”找准自身在周边短线游产品开发上的优势，充分开发企业在“运游”产品、旅游商品、旅游接送、票证服务、旅游广告等各类资源，全面构建“运游”融合全系统经营格局，2017 年运送游客 20 余万人次，实现了“运游”营收过亿，取得了良好的经济效益和社会效益。

(二)精准对接，充分挖掘运输资源

各地逐渐认识到传统客运企业在车辆、车站、线路、品牌等方面的优势，着力挖掘“运游”融合发展中丰富的资源。各地持续加强旅游集散中心建设，苏州、南通等市通过站场改造，完善旅游集散中心功能，为游客提供了更优质的服务，也吸引了部分旅客成为游客。部分地市的客运企业依托旅游集散中心的优势，开行了旅游集散中心到景点的专线，如“苏州好行”实行一票制，在票据有效期内可以无限次换乘，给游客出行换乘带来了极大方便。客运企业加强与景区及时沟通，做好对接发班工作，部分地市客运企业依托自身场站班线优势，整合现有班线资源，试点发展班线旅游客运业务，利用客运班车剩余客位，为旅客提供特色运输服务，在为旅游行业提供更多运力支撑的同时，也为道路客运转型发展提供了新的途径。

(三)因地制宜，开展特色乡村游服务

溧阳、宜兴等县级市借助振兴乡村战略，着力打造“四好农村路”，充分运用自身运输服务优势，对区域内和毗邻乡镇旅游提供全方位运游服务。主要是在四好农村路打造的特色旅游小镇，在客运站建立旅游集散中心，扩建铁路枢纽场站运输旅游服务功能，实现一头在车站，一头在景区的运输服务；优化镇村公交线路、农村客运班线、长途客运班线等，组合、延伸至景区，景区之间环线运行，并提供站到景区的分时租赁自驾车，房车营区等特色服务；打造“溧阳行”全程信息化电子讲解导游服务，优化乡村旅游运输服务，为提振乡村经济作出了贡献。

四、加强旅游客运信息化建设，推动运游业务融合

(一)进一步拓展运政在线信息化管理平台

2010 年江苏省启用“江苏运政在线——旅游包车客运管理系统”(以下简称旅游包车系统)，系统分为内网管理部门使用系统和外网企业使用系统。管理部门使用内网的功能包括基本信息管理、标志牌牌证管理、包车业务审核管理、统计报表

管理、系统管理;企业使用外网的功能包括基本信息管理、业务管理、统计报表管理等。2011年江苏省将包车信息全部录入系统,所有包车业务必须通过系统办理,同时取消了标志牌核发工作,方便了对包车企业的日常管理,强化了对旅游包车客运的监督管理,提高了管理效率。同时,与旅游部门建立信息互通机制和管理互动机制,今后还将进一步与旅游部门实行数据共享对接,以更好地满足旅客出行和旅游需要。

(二)积极打造"巴士管家"等综合信息平台建设

全力支持江苏省内道路客运综合服务平台建设,如"巴士管家""苏州好行""飞鹤旅游"等平台,并进一步推广应用,拓展平台与在线旅游运营商、旅行社、宾馆、景区等互联互通。鼓励客运企业依托线上平台支撑,发挥车站、车辆、团队等线下资源优势,做好线上延伸产品的配套交通出行工作。"巴士管家"平台除了提供全省联网售票业务和为旅客提供多样化的售取票服务外,还在平台上提供天气查询、景区直通车、景点附近食宿、失物招领、旅游商品销售等旅游运输综合信息。

五、强化管理,营造运游融合发展良好环境

(一)合理调控运力投放,保持供需平衡

旅游包车客运市场既要满足当地的经济发展、旅游发展和人民群众出行的需要,又要防止结构失衡、运力过剩、恶性竞争等现象。江苏省通过旅游包车系统,定期开展对旅游包车客运运营趟次、运营天数、旅游包车平均利用率和平均年工作车日等指标的统计分析,对旅游包车客运市场供求状况进行监测。根据2015—2017年江苏省旅游包车客运市场相关指标的分析,旅游包车客运市场总体稳定,包车利用率逐年增长,由40.14%上升至47.37%;平均年工作车日由146天增长至173天,旅游客运市场快速发展,已成为道路客运市场的一个重要增长点。在定期对旅游包车客运市场监测的基础上,充分考虑各地经济发展水平、旅游业发展水平等因素,确定运力额度,做到适时适度投放运力,并通过运输服务质量招投标分配,保持市场稳定、供求平衡。2017年,苏州市申请新增旅游包车运力时,通过对苏州市旅游包车客运市场供求状况监测分析,2017年1月至9月苏州市省、市际旅游包车利用率为50.8%,综合考虑了苏州市旅游市场发展水平,为苏州市新增了150辆省际旅游包车客运运力额度。

(二)加强市场监督管理,维护旅游良好秩序

旅游客运市场不仅关系着旅游行业的稳定、发展,更关乎着一个城市的形

象。江苏省多次会同安监、公安、旅游等部门开展“打非治违”及旅游包车客运市场联合整治行动，严厉打击了各类旅游包车违法违章经营行为。2016年底，江苏省交通运输厅、省公安厅、省旅游局、省安监局和省银保监会等5部门联合开展了为期四个多月的全省包车客运市场专项整治，重点查处了非法营运、超许可范围经营、不按包车客运标志牌注明事项运行、承揽包车合同以外的乘客等违法违章行为，查处了一批违法违规客运包车，对安全意识不强、内部管理松散、规章制度不落实的企业进行通报，对被通报车辆停班一个月、被通报企业停业整顿，引导旅行社减少使用被通报企业的车辆，保险公司适当上浮被通报企业和车辆的商业保险费率，有力维护了旅游包车客运市场的良好、稳定的经营秩序。

（三）强化日常安全监管，保障运输安全

江苏省积极贯彻、落实各项安全法律法规及上级关于安全方面的文件要求，并结合“道路运输平安年”“平安交通”等活动，督促企业切实落实安全生产主体责任，指导和帮助企业解决安全工作中的突出问题和薄弱环节，夯实安全管理基础，提高安全管理水平。同时，充分发挥信用管理在日常监管中的作用，自2016年8月开始，全省开始实行道路运输经营者信用管理，以替代原有的质量信誉考核制度，通过安全生产、经营行为、服务质量、信息报送等4方面对旅游包车客运企业进行信用等级评定，并且将评定结果直接与企业新增运力、扩大经营范围等挂钩，进一步丰富了监管方式，提高了事中事后监管效能，规范了企业的经营行为，营造了诚实守信的市场环境。

第二节　云　南　省

加快旅游客运改革，提升整体服务效能，提高旅游客运保障能力，推动交通运输与旅游产业融合发展。

一、旅游客运市场现状情况

（一）旅游客运基本情况

截至2017年9月30日，云南省拥有道路旅游客运企业87户，拥有旅游客运车辆5994辆，座位总数19.5万个，拥有道路旅游客运驾驶人员12000余人。高级车占车辆总数的92.5%，大、中、小型客车所占的比例分别为22%、49%、29%。全

省旅游客车大部分集中在昆明(2174 辆)、丽江(628 辆)、西双版纳(485 辆)、大理(721 辆)和迪庆(742 辆)5 个州市,5 个州市共有旅游客车 4750 辆,占旅游车辆总数的 80%;2016 年度全省旅游客运车辆年平均工作率为 56.24%。为云南省旅游业的快速发展提供了强有力的支撑,同时也为应急运输和政府公益性任务提供了大量可靠的储备运力。

(二)2017 年旅游客运车辆运营情况

截至 2017 年 9 月 30 日,全省旅游客车共完成运输任务 21.63 万趟次,与 2016 年同期的 22.57 万趟次相比下降 4.2%。

通过数据分析,2017 年第一季度,云南省的旅游客运业务与 2016 年同比增加 9.6%;4 月 15 日,全省开始旅游市场整治,4 月份的运输业务与 2016 年同期相比下降 20.1%,到 5 月份达到最低谷,下降 25.1%,6 月份呈逐渐回暖趋势,只下降了 12.2%,整个第二季度同比下降 19.2%;7、8 月份进入云南旅游旺季,旅游客运业务量随之增加,与 2016 年同期相比分别上升 0.6% 和 4.9%,但随着旅游旺季的过去,9 月份的运输量开始下滑,与去年同期相比下降 9.9%,整个第三季度同比下降 1%。

2017 年国庆中秋黄金周共完成运输任务 7032 趟次,与去年同期的 7290 趟次相比下降 3.5%。

二、经验做法

(一)省级政府出台推进旅游客运转型发展的意见

为加快旅游客运改革,提升整体服务效能,提升旅游客运保障能力,推动交通运输与旅游产业融合发展,促进全省旅游产业转型升级,云南省人民政府下发了《关于推进旅游客运转型发展的实施意见》,主要内容有 4 个方面 11 条改革措施:

1. *着力推进旅游客运市场化改革*

市场化改革。以市场为导向,改革旅游客运运力年度发展计划管理制度。旅游客运企业根据当地旅游发展水平和旅游客运市场的供求状况,在符合行业标准和规范的前提下,自主确定运力的投入和车型结构配置。改革旅游客运车辆经营期限管理制度,旅游客运车辆达到报废期限或不具备安全营运条件的,退出旅游客运经营,不再更新。

2. *深化"放管服"和供给侧结构性改革*

下放经营许可。将国际、省际、市际道路旅游客运经营许可下放到州、市交通运输管理部门,减少审批环节,降低企业成本,承接的管理机构要确保旅游客运经营行政许可工作公开阳光、公平公正、廉洁透明、优质高效。

拓展旅游客运车辆服务范围。将旅游客运许可并入包车客运许可,使旅游客运车辆在为团队旅游提供服务的同时,还可以为商务用车、团体包车、个人包车、通勤用车、公务用车等需求提供服务。

增加定线旅游客运服务。围绕重点旅游城市、旅游小镇、重要旅游线路、旅游景区等,引导旅游客运企业开辟从集散中心(集散点)到旅游景区(点)以及衔接各旅游景区(点)之间的中短途旅游专线车。

扩大班线客运车辆服务范围。允许现有的班线客运车辆在班线客运经营范围的基础上,经营同际别的包车客运,让其在旅游客运高峰期以及无旅游客运运力的地区,为社会旅游客运需求和包车客运需求提供运力服务。

3. 强化服务,打造旅游客运升级版

为旅游客车入城通行提供便利。各级公安交通管理部门依据交通运输管理部门提供的需求,为旅游客车办理足额入城通行证,对已办理入城通行证的旅游客运车辆实行全时段入城通行,在不影响城市公交车辆通行的情况下,允许旅游客车入城并可在公交专用车道内行驶,解决旅游客车入城与旅客住宿需求间的矛盾问题。该项措施由各州、市人民政府牵头,省公安厅、交通运输厅、旅游发展委等部门配合实施。

推进汽车客运站升级改造。依托改造后的汽车客运站旅游散客集散中心(集散点),为游客提供旅游咨询和运输综合服务。

推行旅游客运定制化服务。积极推进旅游客运与旅游产品有效衔接,积极开发能够满足个性化、高品质旅游需求的定制旅游客运服务产品,推动全域旅游发展。

推进无障碍旅游。允许持合法有效的包车客运标志牌、包车票或包车合同的旅游客运车辆,在核定的经营范围内,在车籍地和旅游目的地之间通行,任何单位和个人不得设置障碍。

4. 推进信息化建设,建立旅游客运综合监管机制

建设智慧化旅游交通系统。进一步强化信息化管理,推动“一部手机游云南”与道路运输安全监管和包车客运系统对接,实现交通和旅游数据互换、信息共享、资源整合、互联互通,建设智慧化旅游交通系统,满足旅游者出行需求。

建立旅游客运联合执法机制。制定旅游包车客运车辆管理办法。交通运输、旅游发展、工商、公安等部门加强协调配合,对旅游客运市场进行联合监管,开展联

合执法,建立联动综合治理工作机制。

(二)旅游客运转型发展实施意见的作用

《关于推进旅游客运转型发展的实施意见》出台后,将发挥3个方面的推动作用。一是通过审批制度改革,让市场有效配置资源,可以营造公平便利的市场环境,减少审批环节,降低企业成本,充分调动市场主体积极性,激发市场活力,形成旅游客运发展的持续内生动力。二是通过"放管服"改革,有利于促进旅游客运与旅游产业融合发展,不断提升旅游客运服务能力和水平。三是通过市场化改革,可以切实解决传统旅游客运管理模式存在的弊病,打破利益固化的藩篱,消除利益寻租的土壤,有效净化旅游客运市场环境。

三、旅游包车客运管理信息系统情况

(一)使用情况

(1)云南省组织开发了"省际包车客运管理信息系统"和"云南省内包车客运管理信息系统"两套管理系统,于2013年开始使用"省际包车客运管理信息系统",对41户省际旅游包车客运企业的940辆客车实施系统管理;于2014年开始使用了"云南省内包车客运管理信息系统",对87户省内旅游包车客运企业的5994辆客车实施系统管理。

(2)企业的管理员负责本企业业户信息录入与修改;操作员通过操作员账号录入和修改本企业相关车辆、人员、客户信息,并进行相应包车备案申请和打印包车牌;查询员负责查询系统内各包车备案申请的准确性和有效性,并对各车辆的运行状态和轨迹进行监督管理,以确保其与包车备案信息相一致。

(二)落实网上申请备案管理制度

1. 网上管理

企业车辆实行网上申请备案管理,分别在"云南省包车客运管理信息系统"和"云南省内包车客运管理信息系统"中对省际、省内旅游包车客运业务进行申请备案。经运管部门审核通过后,方可打印包车牌,持包车牌从事经营活动。

2. 网上申请

调度员在接到车辆调用申请后与用车单位或人员签订统一格式的《旅游包车合同》,查询电子"营运客车例保检查合格单",连同包车合同、营运客车例保检查合格单以及其车辆、人员相关证件交公司网上备案申请,操作员进行网上备案申请,安排符合要求的旅游车辆和熟悉线路的驾驶员完成当趟运输任务。

3. 网上审核

网上操作员在提交每趟包车备案申请后，等待县级运管部门初审，初审合格通过后再由县级运管部门向上一级运管部门提交包车备案申请进行终审。

4. 单趟有效

各包车备案申请采取单趟有效制，每趟包车业务必须使用当趟备案申请并经审核通过后打印而取得的包车牌。

（三）实施安全管理

1. 实行电子例保单

驾驶员在对车辆进行初步检查并确保一切正常后，将车辆交安全例保检查站的检查员进行例保检查，合格后由例保检查员上传电子版“营运客车例保检查合格单”。运管部门对包车备案申请予以审查，凡属于符合安全管理制度的，予以终审通过。否则，不予通过，其无法打印省内包车客运标志牌，不得从事经营。

2. 实行人工审核

对存在超速行驶、未按包车合同确认的线路运行、异地经营、超范围经营、运行线路一端不在车籍地等安全方面的违规行为，由省级运管部门对其备案申请改为人工审核。

3. 实行信息锁定

对违规操作存在安全隐患的从业人员及车辆，均其相应信息予以锁定状态，该车辆及从业人员将无法在系统中进行备案申请等业务。

第三节　海　南　省

打造国内首个环岛公路旅行体系，促进运输服务与旅游融合发展。

一、旅游客运市场现状情况

（一）旅游客运车辆和市场现状情况

1. 旅游车辆情况

全省市、县级旅游车共 2281 辆，客运车辆类型基本上以金龙、宇通、全顺、海格等大品牌中高档商务车和客车为主。其中，高一级车 1937 辆，占车辆总数的 85%；中级车辆 344 辆，占车辆总数的 15%，车辆档次、安全性能及舒适性均能满足旅客出行需求。

2. 市场规模

全省旅游饭店达到500多家,4A级以上旅游景区12家;2017年海南全省接待国内外游客总人数6745.01万人次、同比增长12.6%,其中接待旅游过夜人数5591.43万人次、增长12.3%,旅游总收入811.99亿元,比上年增长20.8%。《海南国际旅游岛建设发展规划纲要(2010—2020)》的发展目标中提出,“到2020年,接待国内外游客达到7680万人次,旅游总收入1240亿元,旅游业增加值占地区生产总值比例达到12%以上。”随着海南省“国际旅游岛”“21世纪海上丝绸之路经济带”的构建,海南的旅游服务产业将面临着重大的发展机遇。

3. 季节差异明显

据2016年度数据统计:旅游车辆在11月至次年3月份旅游旺季时,运营班次实载率为52%;在4~10月份旅游淡季时,运营班次实载率为32%,甚至有个别班次跑空班的情况。同时由于旅游景点班线车客流量为早上进入景点的原因,下午集中出园返程,造成车辆早上返程时部分班次空车返回,车辆实载率不高。

(二)运输服务与旅游融合现状情况

海南省旅游客运行业自20世纪90年代至今,经历了三轮艰难的改革,目前全省旅游车已实现“平台化”“同城化”“公车公营”的运营管理模式。同时,形成了基于环岛高铁、环岛高速、环岛旅游公路网,以旅游客运车、旅游专线车、旅游公交车、班线车、租赁车、慢行交通工具及高铁等全方位、多方式、多层次、多元化的岛内旅游交通公共服务体系。现有旅游客运企业有14家,其中海汽、春秋航空等企业是融运输、旅游、住宿等多项业务为一体的综合性企业,可提供运输旅游全方位服务保障。旅游车2281辆,座位数67112个(最大车辆51座,最小车辆为6座),通达3A、4A级以上景点的旅游班车48辆、线路7条,海口和三亚两个主要城市开通了市内及城际旅游公交33条,海口途经定安文笔峰、南丽湖的客运班线2条,美兰机场至儋州、文昌等7个市县的机场直通车。

二、经验做法

(一)着力构建全省交通旅游公路网

坚持结合交通供给侧结构性改革和全域旅游示范省的创建,以打造国内首个环岛公路旅行体系为目标,按照“主线串联,支线覆盖”等原则,规划环岛旅游公路主线里程约900km,支线里程143km。并根据全线旅游资源分布特点,布设一批具有国际化标准的旅游服务设施,打造以旅游公路为先导、以环岛人文景观资源为依托、集"吃住行游购娱"为一体、具有丰富旅游体验、适应新型旅游业态的环岛旅游产品。目前，已建成以环岛高速公路为主动脉，国省道公路为主骨架，县乡村道支干相连，贯通东西南北、辐射全岛的公路网络。

在海口、文昌、万宁、儋州建成104km的环岛旅游公路，途经"潮滩湾、五龙港、白土村、抱虎角、宋氏祖居、椰林生态村支线、大花角支线、沙头园、松林岭"等旅游景点，其他市县环岛旅游线路相续建成后可将全岛景点有效链接，实现"交通带你游"。同时，精心打造具有滨海特色的环岛旅游公路，建成了文昌航天主题公园旅游公路和万宁石梅湾至大花角旅游公路，使公路本身成为自驾游的旅游目的地，取得了很好的社会效应和旅游效应。积极谋划"大三亚"旅游圈交通网络建设，以三亚为龙头，陵水、保亭、乐东三县为支点，统一规划交通旅游建设，构建无障碍旅游区，打造成世界顶级旅游目的地。市县内交通旅游方面，环岛高铁部分沿途市县开辟了高铁站至邻近景区景点的公交线路或客运班线，海口和三亚等市县开通了多条旅游公交线路，有力促进了"全域旅游"试点省和国际旅游岛的建设发展。

（二）强化客运站中转枢纽旅游服务功能

引导和鼓励客运站划拨区域升级标识旅游信息服务，设立遍布全省所有车站的旅游咨询服务中心及构建汽车旅游服务电子商务平台，为游客提供"交通+景区门票+酒店+餐饮"等多元化服务，利用现有客运班线资源将站点延伸至旅游景区形成旅游班线，定点定时发班，游客即到即走、不需成团的便捷游经营模式。一是布"点"。在车站增设旅游集散（咨询）中心，完成了海口省际总站、海口汽车东站、海口港口汽车客运、保亭汽车站、五指山汽车站、澄迈汽车站、琼中汽车站、儋州汽车站等8个车站旅游咨询中心建设，并投入使用运营。海汽集团与国内最大OTA旅游电商携程签署合作协议，成为携程门店系统的海南一级经销商，着手在全省23个站场开设门店，提升完善站场旅游服务功能。通过站点，有效实现聚集游客、宣传海南风光和营销旅游产品功能，并为旅客出行提供"无缝"对接，开启全岛游说走就走的"交通+旅游"新模式。二是连"线"。打通市县际、乡镇间景点和区域内交通连接线。开辟了三亚市区至保亭呀诺达景区、三亚市区至保亭槟榔谷景区、三亚亚龙湾至保亭呀诺达景区、三亚火车站至陵水分界洲岛、三亚至陵水南湾猴岛、三亚至五指山水满乡、三亚红树林酒店至万宁奥特莱斯、陵水汽车站至海棠湾免税购物城、陵水香水湾至南山景区、海口至屯昌枫木、定安中瑞农场、陵水分界洲及雅居乐、琼海潭门等跨市县旅游客运专线，三亚市内共26条常规公交线路途径天涯海角、南山寺、大小洞天、蜈支洲岛、海棠湾国际免税城、三亚千古情、亚龙湾旅游度假区等热门景区景点，实现了交通线路途经或延伸到景区和乡村，与海南"百镇千村”建设紧密融合发展，打造“满天星”全域旅游。同时，谋划开通机场、高铁站至市区的交通接驳线，让旅客零距离换乘，实现无缝对接。积极谋求线上游客落地用车服务方面展开合作，解决“最后一公里”交通服务。

（三）开启“互联网 + 交通 + 旅游”新模式

积极推广互联网电商与智慧交通联合建设，优化微信端功能、构建智慧交通、便捷出游一站式综合互联网服务平台。试行游客联游新模式，利用全省联网售票平台，提供游客联游“一站式”票务服务，推广“车票 + 酒店、景点”等旅游服务项目，为游客提供便捷的网上服务。新海港、秀英港全面实行小车过海预约，过海车辆驾驶员可以通过“新海港”微信公众号、“海口 12345”微信公众号、“椰城市民云App”进行过海车辆港口预约，提前预约进港时间，方便游客自驾游出行。海汽集团与 350 家酒店和景区签约，全力打造“海汽自助游”电商平台，为旅客提供旅游咨询、租车及订购车票、景点门票、酒店客房等多元化服务，累计上架产品 1100 个。2017 年完成订单突破 3000 个，酒店房间销售量年突破 4000 间，并接入浪花机票销售系统、“爱订不订”酒店销售系统等海南本地旅游电商端口，完善自助游平台产品供应链，开通美团、马蜂窝等 5 个全国性旅游电商平台，上线产品近百个。

（四）注重特色旅游产品创新发展

1. 专题游

结合全省各地特色的旅游资源，全面创建海南全域游，积极开展“乡村游”“亲子游”“采摘游”“专线游”等运游结合业务，设计和打造专属定制的“一日游”“周边游”“学生游”等特色旅游产品，做强“运游结合”新模式，提升特色旅游服务。“海南全域游，海汽陪你玩”等主题游活动逐步成为岛内知名旅游品牌，2017 年共组团 279 个、参与人数近万人次。

2. 自驾游

当前，已进入大众旅游时代，自驾车、房车旅游日益成为旅游市场新的主体。海南省专门制定了《海南省人民政府关于加快发展自驾车、房车旅游的意见》《海南省自驾车、房车露营旅游发展总体规划（2017—2020）》，在发展全域旅游的背景下，依托自驾车、房车营地建设，既可有效增强“点”的旅游功能，又能“以点串线，以线带面”，促进“点线面”全域旅游开发。通过营地智能管理服务平台开展网络预订、支付等业务，规范自驾车、房车租赁程序和手续；鼓励大中型营地、旅游景区、宾馆酒店、高铁动车站、机场、客运码头设立汽车租赁点，开展自驾车、房车租赁服务。实施自驾游“互联网 +”工程，推广“自驾游一卡通”智慧旅游项目，联合保险、银行、自驾游协会、客运码头、机场、高铁及三大移动运营商加入发行渠道，整合省内加油、景区、酒店、餐饮、救援维修、购物、保险、代驾、年检、违章处理、户外用品、房车销售、租车等相关的配套资源，打造配套齐全、高效服务的运营体系，为广大自驾游客提供满意的出行保障。

3. 邮轮旅游产品

海南省作为全国唯一的热带海岛省份，具有得天独厚的游艇产业发展优势资源，拥有200万km^2的海域，1823km的海岸线，70多个海湾，600多个热带海岛，并且一年12个月的天气都适合开展游艇运动，产业基础也已日趋成熟。现建成游艇码头14个，泊位1658个，游艇俱乐部39家，涉及游艇的销售、服务的企业271家，成立游艇制造企业8家，共有游艇约800艘。2014年9月，境外游艇临时进出对境外游艇开放东营、博鳌、石梅湾、海棠湾、南山、龙沐湾、棋子湾、临高角等8个海上游览景区。2013年、2017年开通了越海—三亚—越南、香港—三亚—越南、越南—海口—越南、新加坡—三亚—越南、越南—海口—香港、三亚—马尼拉、丹山—海口—岘港、香港—三亚—新加坡、长滩—三亚—马尼拉等国线航线，极大地推动了海南国际旅游岛的建设发展，树立良好的国际形象。

此外，通过不断整合资源，加强与大型旅游服务社团、景区和酒店包销商等关联企业的业务融合，寻求跨越式发展。海南省运输企业与中国国旅集团达成战略合作意向，在旅游交通、房车运营、环岛旅游产品、游轮陆地接驳、景区景点穿梭旅游客车等方面谋求合作；与上海驿动科技公司在智能交通和旅游交通出行方面寻求合作，为今后客运业务转型升级寻找方向。

三、旅游客运系统旅游车调派平台基本情况

利用“互联网＋”思维，推动全省旅游车统一调派平台转型升级，于2015年8月对旅游客运系统进行全面升级改造，2016年9月1日正式上线运营。实现了“四全二键一站式”出行服务平台（四全：指全时、全域、全用户、全互通；二键：指一键租车、一键支付；一站式管理），为海南旅游产业规模化、集约化、精品化的转型之路奠定了坚实基础。

新系统将旅游车和驾驶员等相关信息通过系统平台对外公开，为全社会提供自由选择，“足不出户”“全天24h”均可轻松利用互联网、手机移动终端等设备办理租车业务，支付方式也更为多样化、人性化。此外，新系统引入客户评分机制，展示参营客运企业的驾乘服务情况，以及车辆舒适度、安全、服务质量等三维评价体系，承租人办理业务前可对平台参营的客运企业、车辆和驾驶员等所有信息了如指掌，

并择优选用。目前,海南省通过该平台对全省市(县)际旅游车实行"统一调派、统一结算、统一受理服务质量投诉"管理,有效地维护了旅游客运市场秩序,提高了服务质量,维护了行业安全稳定,充分发挥了交通运输对旅游的服务保障作用,树立了海南国际旅游岛的良好形象。

(一)实行统一调派

目前,中心可供调派的全省游旅游车2281辆,全部实行公车公营。全省游旅游车实行统一调派模式,既提高了旅游运输组织效益,又提升了管理部门应急运输组织保障能力,解决了全省客户有团无车的后顾之忧,尤其是激发了旅行社做大做强的信心。同时,统一调派管理更有利于构建"全域旅游"的保障体制,促进全省统一旅游市场的规范运行。

(二)实行运费统一结算

通过实行运费统一结算,整合运力资源,建立了盈利共享、风险共担的经营机制。让出团的旅游车和待班不出团的旅游车都有一定收入,有效平衡旅游车经营者之间的利益,对规范旅游车运营秩序有着积极的作用,从源头上遏制了旅游车私自揽团行为。

(三)实行统一受理服务质量投诉

统一受理服务质量投诉并及时妥善处理,畅通了旅游车服务质量投诉渠道,强化了客运企业对车辆及驾驶员的管理,有效保障了旅游客运各方当事人的合法权益,提升了旅游客运服务质量和社会满意度。旅游客运管理服务的社会满意度不断提升,投诉率由中心成立前的8%下降到0.3‰。游客对旅游用车环境及驾驶员服务的满意度均比较高。

四、旅游客运安全管理情况

目前,海南省现有的市县际旅游车全部纳入省旅游客运服务中心统一运营管理,实行公车公营,在稳定市场、规范秩序、保障旅客安全、维护行业稳定、提升服务质量、促进旅游行业转型升级等多方面发挥了重要作用。

(一)实行平台化管理

海南省旅游客运服务中心作为非营利性民办非企业机构,是企业自发成立的。其管理模式不但优化了旅游运输组织效率,而且还大大提升了管理部门应急运输组织保障能力,过去在旅游旺季经常出现的"有团无车""控车炒车""随意涨价"的等问题得到彻底解决。

(二)加强动态监控

定期通过“海南省重点营运车辆服务平台”对旅游客运车辆卫星定位装置信号进行检查,监控各旅游车的卫星定位装置信号是否与“海南省重点营运车辆服务平台”对接,对信号不正常的车辆进行暂停营运处理,并要求车属单位对该车的卫星定位装置维修和提交整改报告。直到该车信号与“海南省重点营运车辆服务平台”对接正常方可参加营运。

(三)严格安全检查

要求旅游客车必须按《海南省旅游客运服务中心派车单》执行出团任务,除按时作好季度营运二级维护检测、年度车辆技术评定外,还须“一团一检”,即每次出团前进行安全检查,不经过例检或例检不合格车辆一律无法打印《海南省旅游客运服务中心派车单》,不得出团。

第二十一章 企业案例

第一节 辽宁虎跃

利用网络优势,构建“互联网 + 旅游”服务体系。

一、基本情况

面对客运市场的经营压力,虎跃公司加大力度向旅游行业转型,目前虎跃的旅游相关业务包括电子票、巴士游、参团游、户外游,涵盖了传统旅游业务和新兴旅游业务,其中虎跃自主开发的“跃游旅行网”微信公众平台为旅游业务的线上销售开拓了新的渠道,经过半年多的调整和完善,已经发展成为自由行、套餐、参团、定制游5个板块相互辅助、相互支撑的业务模式。

(一)跃游旅行网微信平台

跃游旅行网于2017年4月18日上线运营,截至2017年10月31日,粉丝数累计105246人,累计订单4006笔,出游人数5667人。跃游旅行网是公司独立自主开发的面向全省消费者的微信公众平台,集电子票业务、巴士游业务、参团游业务、户外游业务、班线优惠车票业务、产品展示、销售、维护和粉丝互动等功能为一体,是虎跃未来旅游发展的主要经营方向。

(二)电子票业务

截至2017年10月31日,公司电子票产品共计销售17.7万张,实现毛利53.6万元。虎跃的电子业务涵盖了辽宁省内近200个景区,实现了热门、大众化景区全面覆盖。

(三)巴士游业务

虎跃具有覆盖辽宁省内14个城市的交通运输网络,基于该优势,公司在省内率先推出巴士游新型旅游业务，其组合了传统客运班车、客运站至景区的接送车、景区门票等，成为一项省内旅游“一人成团、天天发车”的自由行旅游产品，巴士游产品本身又分为自由行、套餐、参团三项基本业务类型。

截至2017年10月31日，巴士自由行在线景区101个、产品线路836条、产品方案2002条（自由行为巴士游的基本产品，游客选择景区后自由选择客运班车和景区接送车时间，灵活自由，自主性强）；巴士游套餐涵盖景区27个、产品线路77条、方案113条（套餐产品为巴士游自由行的衍生产品，公司为游客组合好自由行产品中的各要素，为游客提供更便利、更省心的“一键式”选择）；巴士游参团线路70条（参团产品为客运班车+目的地地接团组成的旅游产品）。

自跃游旅行网平台上线至2017年10月31日，巴士游业务有效订单共计2818笔，出行3988人次，其中正常订单248笔、448人次，免费班线游订单1756笔、1756人次，亲子游订单815笔、1814人次。

（四）参团游业务

公司下设辽宁虎跃旅行社和旅游客运公司，是公司开展传统旅游业务的主要运营单位。截至2017年10月31日，参团游业务共计发车792辆次，出游人数5.69万人次（其中自主发车3.58万人次、散客拼团0.76万人次，单订票1.35万人次）。

（五）户外游业务

虎跃户外游业务是以公司的户外业务项目小组为主导，辽宁省内14个地级市分公司共同经营的衍生于传统参团游的新旅游形式。以微信群为主要的销售媒介，14个城市的分公司分别组织内部员工组建虎跃户外旅游微信群，依托微信群销售产品同时拓展成员。截至2017年10月31日，公司户外游出队1240次，发车1329辆次，出游人数49293人次，单车平均旅客37人次。

二、做法经验

（一）建设跃游旅行网

初期投入市场后，根据游客意见，逐步调整完善产品说明流程、产品展示和操作界面、景区和接送车信息，从顾客角度出发，逐步向符合顾客消费习惯的方向调整完善。根据市场消费习惯，在上市之初电子票、巴士游、参团游3个产品板块的基础上，逐步增加完善了户外游、客车优惠票、定制游板块，增加消费者选择项，完善平台。

（二）推广电子票

与集团内各分支机构充分沟通合作，自主采购并协作辽西、辽南、辽东地区分支机构和电子票运营合作单位，完善采购渠道网络，做到了业务涵盖辽宁省内近200个景区，实现了热门、大众化景区全面覆盖。与携程、美团等网络渠道合作，实现跃游旅行网产品的多渠道覆盖，同时同步增加虎跃独有的客车优惠票产品，提升产品受众和产品接受度。以辽宁省内代表性景区“抚顺红河谷漂流”为试点，洽谈成为景区线上独家代理，配合公司覆盖全省14个城市的运营和销售网络，以资源和价格的双重优势提升企业的行业知名度。

（三）巴士游方面

注重客户意见，根据消费者回访调查意见，更改产品“班线游”的名称为“巴士游”，使消费者对产品的接受和理解度进一步提升。根据产品特性结合市场需求，在上市初期自由行和参团产品的基础上，增加“套餐”产品，以更便捷、更省心的消费体验，消除老年群体操作不便利的忧虑，以更优质的消费体验促进产品销售。为了公司新业务的更好发展，在6月推出了“免费体验活动”、7～8月暑期推出“亲子游”优惠体验活动，以消费者能够获得实在的、符合产品发展规律和适宜的营销活动，迅速提升了平台和巴士游产品曝光度和受众。根据市场反馈情况，公司计划在未来短期内增加包含餐宿要素的巴士游产品，进一步完善产品线，提升产品受众。

（四）参团游方面

保证业务正常开展的同时，强化同业的合作，充分利用并突出公司特有的车辆资源优势和高品质服务形象，促进同业用车的增长，提升车辆利用率。与景区开展深度合作，以“辽中花溪地温泉”景区为例，因景区隶属于省会沈阳市，同时距离市中心相对较远，经过公司与景区深度洽谈，达成了利用公司车辆资源以天天发车的直通车形式为景区输送客源，景区在客量不足时以“空座返利”的方式弥补运营损失，达到互相合作、共同发展盈利的目的。新形势的直通车业务：营口地区以温泉著称，因市中心附近有温泉小镇部落，基本可满足日常游客的消费，导致距离市中心60km外的主要温泉聚集区“鲅鱼圈”区域内的更优质温泉景区客流量一直未达预期，公司通过充分的市场调研和与行管部门、景区的深度沟通协调，以“营口忆江南温泉”为试点达成合作，景区为公司每月提供500元/车的运营补贴，公司以天天发车的直通车为景区输送游客，实现双赢。同时因营口地区温泉聚集，同一条运营线路上会经过多个景区，公司已按计划着手针对该类景区的特殊性，洽谈增加合作景区，实现一条线路串联多个景区的新型直通车业务，并在省内条件合适的地区推广。

（五）户外游方面

虎跃的户外游业务是基于公司传统的参团游业务，增加提供虎跃高品质的领队服务，利用与参团游差异化的景区而衍生的，同时本质上又区别于传统野线户外业务的新型旅游业务。针对虎跃户外游的特性，在产品销售渠道和客户维护方面结合时代产物，充分利用微信群的特殊功能性，以集团户外项目小组为主导，省内14个城市的分支机构分别组织单位员工以亲朋好友为中心组建户外微信群，目前有效利用的微信群达到近500个。针对大量的微信群，公司以统一发布信息、分别宣传管理的操作方式，结合专人管理和有效的奖励机制，实现了出游信息的有效传达和客户有效持续沟通，同时在每次出团的过程中结合“微信红包”“车内游戏互动”等丰富的沟通方式增加微信群的活跃度和群成员的数量，实现了以点带面的顾客拓展和精细化的群沟通管理。

针对目前周边游市场的激烈竞争导致的利润下降，公司于2017年推出了户外长线游业务，长线游业务以公司覆盖省内的运营网络为基础，全省报名、沈阳始发，未来随着业务的逐步成熟会实现14个地级城市独立成团始发。业务自11月推出以来，已经出团云南1期、海南2期，单团游客26人左右，实现单团利润约1万元，并且后续的厦门、越南芽庄产品也已经成团待发，长线游业务促进了公司旅游业务的增长，为公司旅游业务的发展开拓了新的市场和发展方向。

第二节　苏州汽运

创新管理机制，实施集团推动、部门联动、行业互动发展。

一、基本情况

近年来，苏州汽运以“调结构、树品牌、增效益”为主线，以“创新、整合、优化、提升”为方针，坚持集团推动、部门联动、行业互动，通过整合旅游资源、创新旅游产品、优化旅游服务，不断提升市场吸引力和核心竞争力。

为应对严峻形势、加快转型步伐，苏州汽运于2014年4月成立江苏苏汽旅游集团有限公司（以下简称旅游集团）。旅游集团由市区6家旅游企业整合组建而成。旅游集团成立后，抓住政策倾斜利好机遇，积极拥抱“互联网+”，通过控股、参股、兼并的方式，扩大经营范围，拥有七大板块：

（一）旅游客运

深入细分旅游客运市场，确立学生旅游客运市场、政府会务客运市场、散客旅游客运市场、华东旅游客运市场四大市场板块。

（二）包车旅游客运

坚持在品牌服务上狠下功夫，通过“客户至上，质量为本，专业服务，诚信经营”的服务宗旨，做精做优苏州汽运包车旅游品牌，赢得良好市场口碑。

（三）集散中心

通过积极筹划参与业内各协会事务，目前已成为苏州市国内旅游协会副会长单位、全国旅游集散联盟秘书长单位、徐霞客中国旅行商网常务理事单位等，为公司各项活动的制定推广打造支撑平台。

（四）校车业务

组建苏州交运校车管理服务有限公司，顺利涉足专业化、规模化的校车经营业务。

（五）旅游专线

利用苏汽集团客运班线优势，经过市场调研，开行旅游直通车，推出“一票游古镇”套餐服务，并相继开发出周庄、同里、角直、锦溪、千灯、西塘等周边散客自助游产品。

（六）机场专线

苏州市区建立了苏州空巴通运输服务有限公司，并以此为载体，不断发展各县市直达机场的班线资源，形成了苏州大市范围内的机场专线服务网络。

（七）小车租赁

抓住公务车用车制度改革契机，依托江苏长运搭建的省级专车服务平台，涉足苏州专车服务市场。

二、做法经验

（一）确立旅游产业发展思路

苏州汽运在《“十三五”发展规划纲要》中明确指出，大力发展旅游服务业是当前工作的重中之重，已上升为公司的战略层面。集团自上而下进一步转变观念，统一思想，加快体制机制创新，着力实现资源优化配置，营造良好的转型旅游的工作氛围。

(二)践行运游结合发展理念

一是站游联手布好点。旅游集团与客运总站联手,将苏州红枫旅行社升级为苏州红枫国际旅行社,扩大经营范围,增加出入境旅游资质,开办“维修+驾培+旅游”的直营门店,迅速搭建苏汽旅游的线下阵地。将站务员培养成营销员、导游员,为站游联手充实旅游人才队伍建设。目前,红枫国旅线下铺设门店近20家。二是运游联行连成线。发挥各运输公司线路广、车辆多、运力强的优势,通过有效调配车辆,投入旅游运营,提高车辆实载率和利用率。同时,将客运班车打造成旅游直通车,通过票务组合、产品叠加等衍生服务,实现以客运带动旅游、由旅游促进客运的运游结合新模式。抓住市旅游局开展“苏州人游苏州”活动的契机,加强与各区、县市旅游局的沟通,挖掘优质旅游资源,开发精品游线,提供优惠门票政策,通过集团内部丰富的县市际班车及旅游直通车等,开展散客旅游和团队旅游,真正实现区域间联动。三是市县联动织成网。全面构建以苏州汽车西站旅游集散中心为主中心,市区4个车站和县市5个车站为分中心的网络格局。本着“资源共享、市场共拓、信息共通、发展共赢”的原则,真正建立市县联动、优势互补、同步发展的合作机制。一方面各分中心直接分销红枫国旅研发的旅游产品,另一方面结合自有资源,自主研发旅游产品,通过共同搭建的旅游销售平台,实现互为供应商、互为分销商,丰富旅游产品体系。

(三)坚持项目驱动发展策略

抓住政府出台的行业政策机遇,主动融入旅游市场,获取优质旅游资源,形成客运企业发展旅游的特色资源。一是水上游船的资源整合。公司参与苏州水上游船项目整合,掌握古城内稀缺的水上旅游资源,提升苏州古城水上游的旅游品质,受到良好的市场反馈。二是开行苏州好行旅游巴士。运行线路覆盖苏州市古城区的主要旅游景点、商贸区、交通枢纽、游船码头,为来苏游客提供贴心服务。三是搭建“飝龘”旅游在线交易平台。全面整合旅游供应商,打造成提供“全球化+本地化”旅游产品的大型旅游超市,推广至苏州大市1000家旅游门店,为吃、住、行、游、购、娱六大旅游传统要素插上智慧翅膀。四是创新发展模式。以老万年文创为载体,与苏州大市范围内以及省内客运企业签署了文创旅游合作战略协议,加大旅游文创产品的开发力度。以服务商务、公务出行为重点,引入机票、火车票、机票+酒店等商旅产品,切入公务、商务服务市场。同时,以此为发展基础,打造星级酒店旅游服务旗舰店、高速公路服务区样板店等,打入旅游定制服务市场。

第三节　新　国　线

新国线:政企协作、因地制宜,探索“客运 + 旅游”模式。

新国线集团因地制宜探索不同类型运游融合模式,在交通旅游刚刚起步时,在道路客运行业普遍在班线客运蓝海畅游的时候,便开始了旅游交通探索和实践。形成了客运 + 景区为模式的“黄山游模式”,客运 + 旅行社为模式的“海南游模式”,客运 + 航空为主的“城市候机楼模式”,3 种模式既有成功的经验,也有失败的教训。

(一)黄山游模式

2003 年,新国线在黄山市委、市政府的邀请下,本着名山、名企、创名牌的宗旨,携手黄山旅游集团开始国内景区旅游交通发展持续探索。历经 14 年的发展基本形成了以交通串联黄山区域数十风景名胜区,辐射周边九华山、婺源、三清山等景区旅游交通融合发展模式。黄山客运 + 景区模式历经两个阶段。

景区专营换乘阶段。2003 年,前黄山风景区交通客运由属地近 200 名村民经营,一人一车个体经营,安全管理主体责任难以落实,服务缺乏标准、服务投诉不断,再加上景区道路路窄、坡陡、弯急,安全事故频发,严重影响和制约了黄山风景区申遗和未来发展。黄山风景区决定以市政府名义对原来交通资源进行整合,由新国线集团出资全面收购,将原来经营者吸收作为公司股东,这一做法平稳解决了资源整合难题。同期,新国线集团投资 7000 万元建成黄山旅游集散中心——黄山之眼。公司统一购置高级旅游客车,实行统一Ⅵ形象、统一调度、统一管理、统一发班、统一服务标准的“五统一管理”。2003 年,十一前实现景区全面换乘。景区换乘专营后,景区旅游交通服务面貌焕然一新。至今未发生一起行车安全责任死亡事故,未发生一起重大服务质量投诉事故。公司以优质的服务得到游客、政府一致赞誉,2016 年,公司杜鹃服务班组被评为全国工人先锋号。近十几年,由于实行景区专营运游融合发展,新国线充分利用遍及全国运营网络优势,通过合理调配全国各地旅游车辆,圆满解决了景区十一等重大节假日客流高峰疏运任务。政府主导的运游结合发展,初步实现了政企和社会多赢格局。

2015 年,黄山实施全域旅游战略。新国线集团黄山运游融合发展进入第二阶段。2015 年,新国线集团投入近 2 亿元建成黄山高铁客运枢纽。将旅游交通由景区专线专营,扩大推广至黄山市全市域范围,无论是通过飞机还是高铁旅游均可乘坐新国线客运旅游车到达黄山市域内各个景点。根据游客不断增长的旅游交通需求，提供出租、租赁、慢行交通服务。目前旅游班线通达市域各景点，新增出租车200辆，新能源租赁车100辆。建立了黄山旅游交通出行平台，通过移动端为游客、酒店、景区提供交通定制服务。以交通串联旅游，以交通促进旅游发展，为大黄山、大交通、大旅游提供了清晰路径。

（二）海南游模式

海南是我国国际旅游岛，海南旅游具有鲜明的地域独立性，基于海南与内地省市天然隔离优势。2009年海南省人民政府主导建立了全岛“旅游客运调度平台”，通过“旅游客运调度平台”旅行社可以根据服务质量进行点击用车，有效将旅行社与旅游客运融合发展。杜绝了“零团费、零车费、强购物”等严重影响海南旅游发展的顽疾，大幅提高了海南旅游质量。新国线集团于2009年积极参与海南省面向全国旅游客运服务质量招投标，并成为第一批四家中标企业之一。公司统一购置车辆、统一维护检测、全部实行公车公营，第一个经营周期内，取得了良好的经济效益和社会效益。

（三）城市候车楼模式

为实现游客全程无缝出行，新国线集团于2006年通过设立城市候机楼为没有机场的地市提供一票、无缝出行服务。先后在云浮、河池、黄山、梧州设立城市候机楼。乘客在所在地市候机楼先行值机，空港快车一站直达。城市候机楼的发展极大方便了无机场城市旅客出行，得到普遍欢迎。但后期，由于相关机场区域限制、机场专线经营不开放等多种因素制约，民营城市候机楼发展陷入困境。

第四节　重庆交运

传统客运站场转型升级为综合性智能化枢纽平台。

一、基本情况

重庆交通运业有限责任公司隶属于重庆交通运输控股（集团）有限公司，是重庆市重要的窗口单位。旗下拥有重庆汽车站、长途汽车站、陈家坪汽车站、红旗河沟汽车站、迅为四公里站、双凤桥汽车站、重庆北站南北广场汽车站、江南换乘枢纽站、龙洲湾汽车站等12个一级汽车客运车站。为适应道路运输发展的新形势，紧密围绕“以运带游，以游促运、运游合一”的发展思路，以全域旅游及智慧旅游为理念，把传统班线客运站场转型升级发展为集班线客运、旅游客运、站场商业、快件物流为一体的综合性智能化枢纽平台，促进客运产业与旅游产业融合发展。

（一）四大旅游集散中心，覆盖四大片区

自2014年申报建立第一个旅游集散中心——菜园坝旅游集散中心以来，截至2017年底已申报成功4个旅游集散中心：菜园坝、四公里、陈家坪旅游集散中心和双凤桥临空都市旅游集散中心。其他旅游集散中心为分中心。基本形成渝中片区、江南片区（重庆主城长江以南）、江北片区和渝西片区，四大旅游集散辐射区。以四大旅游集散辐射区为面，各旅游集散中心为辐射点，多点布局、多点辐射、有序集散的网络化旅游集散体系，为未来实现区域旅游及相关产业经济共同发展的全域布局作好铺垫。

渝中片区有菜园坝旅游集散中心，辐射整个渝中半岛；江南片区有四公里旅游集散中心、茶园（江南枢纽）和龙洲湾旅游集散分中心，辐射整个南岸区、巴南区、綦江区、南川区及渝东南片区；江北片区有南北广场旅游集散中心、双凤桥和红旗河沟旅游集散中心，辐射整个江北区、渝北区及渝东北片区；渝西片区有陈家坪旅游集散中心为主、上桥西站旅游集散中心和西永旅游集散中心，辐射整个九龙坡区、沙坪坝区、北碚区及渝西片区。

（二）以旅游直通车业务为主的四大主要业务板块

旅游集散业务，引进重庆各大旅行社进站发车，实现人流引导，归站管理，为旅游集散中心后续发展聚集人气，目前已有鼎尚、鑫传奇、金凤凰、嗨皮游等共计9家旅行社团队游进驻各旅游集散中心，其中以鼎尚国旅和鑫传奇国旅两家旅游联盟重庆周边游占比最大，超过95%，鼎尚国旅入驻四公里集散中心，鑫传奇国旅入驻重庆北站北广场集散中心，形成“一南一北”的格局。2017年下半年旅游集散业务共接待旅行社团队游游客约38万人次。

门店业务作为对外联系主要窗口，包含线上官网微信端及线下各旅游集散中心体验店；目前形成以自有系统即重庆交通旅游ERP运营系统为主，携程门店系统为辅的线上宣传销售渠道。线下形成以菜园坝、四公里、陈家坪、南北广场为主，各旅游集散中心全覆盖，辐射整个主城范围的旅游集散中心门店布局。

直通车业务作为核心竞争力，打造各类直通车拳头产品，目前已开通各类旅游直通车线路106条，涉及重庆及四川、贵州等周边地区的主要风景区，2017全年实现营收约1787万元，游客流量约15.3万人次。

旅游延伸产业，丰富区域服务功能。几个主要的旅游集散中心如菜园坝、四公里、南北广场旅游集散中心，已合理规划开设土特产超市、纪念品店。在未来升级

建设的区域还会增加智慧旅游、景区体验、文化创意等功能，打造综合性旅游平台。

二、做法经验

（一）明确突出平台化建设

通过与多家知名大学及策划机构合作，确定旅游集散中心发展以复合型综合体平台化建设为主体方向，得到旅行社及政府旅游部门认可及支持。未来将以交通枢纽为核心，携手旅游产业链各方，构建旅游集散平台，打造一大主题（平台化旅游集散中心）、八大功能（旅游接待、景区展示、文化体验、购物、休闲娱乐、交通集散、会展、住宿）为一体的复合型旅游服务综合体及区域旅游配套服务中心。

（二）旅游车辆“归站管理”

陆续对重庆周边区域旅行社进行摸底了解，针对团队游、自驾游集散场地需求情况，利用集散中心场地优势，为团队游、自驾游提供集散、休息、组客场地，实现“归站管理”，一定程度上缓解了城市旅游车辆“散、乱、靠”的现状，同时提升旅游集散中心商业价值和品牌价值。

（三）重新激活闲置运力，符合供给侧改革要求

近年来，受高铁、飞机、自驾游、网约车、非法营运车辆等多种出行模式的影响，道路客运客流量受到严重冲击，通过加快发展旅游集散中心，积极实施“交通＋旅游”的供给侧结构性改革，为企业转型升级发展提供了方向。

（四）打造重庆旅游新名片、新形象

积极响应《重庆市建设国际知名旅游目的地“十三五”规划》相关要求，通过打造重庆地区旅游集散中心，解决旅游客运市场规模普遍较小，集中度较低，“多小散乱差”的问题，为建成以“山水之都·美丽重庆”为标志的国际知名旅游目的地提供保障。

第五节　携　程　网

在携程19年的发展中，始终在围绕着为游客和旅客提供旅游和交通一站式旅行服务。携程的一站式服务平台，提供酒店、机票、旅游、商旅、火车票、汽车票、门票、用车、美食林、全球购、团购等预订服务，以及当地攻略、周边游、美食林等业内服务项目，实现了旅客不需要切换多个网站，就能完成出行的全部预订，携程的一站式服务平台不仅是中国旅客的首选，同样也是全球旅客、特别是华人旅客最爱的

出行服务平台。

而在一站式旅行服务平台的背后,除了先进的技术支撑和一整套的服务体系之外,建立一个共赢、共荣、公正、透明的交通和旅游融合的产业生态圈,这也是携程能够取得如今成就的重要支撑。

随着中国在线旅游业的快速发展,在线旅游产品也在逐步转型升级中,租车自驾、包车、接送机、长途车等都是其中的典型代表,越来越多的在线旅游企业涉足于这块领域。2016 年,中国自驾游人数平稳增长,总人数达 26.4 亿人次,其他类型的地面交通产品也得到快速增长。在这样的大环境下,携程地面交通得以迅速发展,并已成为国内业务覆盖面齐全的旅游出行平台。

在自驾游领域,携程租车的业务覆盖量在国内超过了 300 个城市,为用户提供超过 10 万辆可租赁车辆。在 2016 年,累计服务国内外旅客数量是 100 万人次,比 2015 年增长 100%,预计在未来 3 ~ 5 年内,携程租车所服务的旅客将始终保持持续、高速的增长。

春节前夕,携程宣布,正式上线共享租车业务,并计划借助该业务,直接切入汽车分时租赁场景。截至目前,携程共享租车业务已覆盖北京、上海、广州一线城市,并由此辐射天津、烟台、中山等周边城市。上述地区首批已涵盖北汽 EC200、奇瑞 EQ 等 15 种新能源车型,共计一万辆车。依托于网点及互联网移动终端,实现网上付费、自主取还,补充用户的碎片化出行需求。为游客提供在旅游目的地更自由、灵活的交通出行方式。

“酒香不怕巷子深”,美景如美酒一样,藏在那地广人稀的地方,可越来越多的游客却趋之若鹜,欣赏那不被人知的美丽景色,但同时这些景区都在较为偏僻地区,远离机场火车站。为了解决景区最后一段出行难题,携程大力发展“空铁通”“空巴通”等联程联运产品,让游客便捷的前往三四线地区,极大的拓展游客涉足的半径,为老少边穷地区的旅游发展带来人流量,也是贫困地区旅游扶贫的有力手段。

携程的景区直通车旅游专线产品更是想到了自由行游客的心里,实现了出发地与全国热门景区间的无缝连接,省去了中间火车、汽车、公交换乘的烦琐,极大提升游客舒适体验,特别适合亲子家庭旅游出行。

为了满足游客周边城市旅游的便捷交通需求,携程还推出了“城际快车”产品。从现有市场上标准化的客运产品看,城市间的出行,多是从客运站出发,再到另一座城市的客运站,无法直接从自己的家门口,再到另一座城市心仪的目的地。携程“城际快车”产品点对点解决跨城“最后一公里”的交通问题,专注于

“服务跨城出行的用户”,四川到重庆、珠广深到香港等线路,“城际快车”整体耗时要比火车转公交或单纯坐长途汽车缩短近1/3,解决了“时效”和“舒适”这两个市场“痛点”。

携程又有高铁游新举措,7月1日昆楚大铁路通车当天,在大理州政府和昆明南站的共同见证下,携程与大理旅游集团、云南荣泰旅游发展公司达成战略合作协议,三方将联合推广赴大理的高铁旅游产品,在携程上预订前往大理动车票的游客,都可享受大理旅游集团旗下蝴蝶泉、崇圣寺三塔等景区推出的最低7折起门票优惠。大理接入全国高铁网,将形成‘6h旅游圈’,借助携程的平台优势,大力发展高铁游,让游客坐动车来大理看‘风花雪月’,满足游客个性化出游需求。未来,携程还将与昆明、曲靖、文山等高铁沿线城市开展高铁游合作,打造更加多元化的“高铁+X”全域游产品,助力云南旅游业转型升级,进而为云南当地全域旅游发展做出贡献。

国际上,携程在Trip.com推出全球55个国家、200个城市及250个机场的接送机服务,支持22种货币支付。为全球旅客提供优质的接送机服务,提升出行体验。携程租车也在践行全球化战略,海外租车业务覆盖超过200个国家,为用户提供500万辆车辆资源。境外用车并非只限于交通,而是串联着旅游服务的多个环节,对于后续向吃住游购娱等方面的延伸,具有重要意义。在携程国际化战略持续推进的背景下,境外接送机服务的上线也将为整个携程“走出去”提供有利的切入点。

在服务方面,携程推出“机酒保障”这样的服务。比如,同一行程机票和酒店均在携程预订,如果遇到航班变动影响入住,可免费取消酒店。让游客在旅游出行中无后顾之忧。携程还开发了“信用评级系统”,不同信用评级的用户可以在未来预订中享受不同程度的便利。截至目前,该系统已服务约6.5万家酒店,使超过500万人次的用户可以通过信用担保或延期付款体验更便捷的预订过程。